푸름아빠의
아이 내면의
힘을 키우는
몰입 독서

푸름아빠의
아이 **내면의**
힘을 키우는
몰입 독서

초 판 1쇄 발행 2009년 4월 23일
초 판 24쇄 발행 2023년 3월 7일

지은이 최희수
펴낸이 김은선

펴낸곳 초록아이
주 소 경기도 고양시 일산서구 주화로 180 월드메르디앙 404호
전 화 031-911-6627
팩 스 031-911-6628

등 록 제 410-2007-000069호 (2007. 6. 8)
ISBN 978-89-92963-78-7 13370

푸른육아는 도서출판 초록아이의 임프린트로 육아서 브랜드입니다.

＊ 잘못된 책은 바꾸어 드립니다.
＊ 푸름이닷컴(www.purmi.com) 홈페이지를 방문하시면
    푸름이 부모님의 육아 상담 및 생생한 육아 정보를 무료로 보실 수 있습니다.

푸름아빠의
아이 내면의 힘을 키우는
몰입 독서

최희수 지음

푸른육아

CONTENTS

Part 03 우리 아이 발달 단계에 맞는 맞춤형 책읽기

책읽기,
내 아이의 인생 지도를 바꾸는
최고의 선택!

아이들은 누구나 책읽기를 좋아합니다. 낮에 정신없이 뛰어 놀아 녹초가 될 만큼 피곤할 텐데도 밤만 되면 잠을 이겨 내면서까지 책을 읽어달라고 졸라대곤 하지요. 아이들의 책읽기는 책과 친해지는 친밀단계와 놀이단계를 지나 책의 바다에 푹 빠지는 몰입단계를 거쳐, 드디어 어떤 외부 자극에도 흔들리지 않고 스스로 책을 찾게 되는 독립단계로 발전해 나갑니다. 여기서 가장 중요한 단계가 바로 몰입단계, 즉 책의 바다에 푹 빠져야 하는 단계입니다. 몰입을 경험하지 못한 아이는 이후 진정으로 책을 좋아하는 아이로 성장할 수 없기 때문이지요.

인류 역사상 훌륭한 업적을 이룬 위인들의 대부분은 몰입을 경험한 사람들입니다. 몰입은 아무런 방해 없이 자기가 가진 모든 에너지를 이용해 좋아하는 대상을 흡수할 때의 마음 상태를 말합니다. 몰입의 순간에는 행복을 느끼지 못합니다. 행복도 감정이기에 몰입을 방해하니까요. 대신 몰입이 끝나면 엄청난 행복감이 해일처럼 밀려오게 됩니다.

한편 몰입의 상태에서는 시간과 공간이 왜곡됩니다. 어린 아이들이 밤이 새는 줄도 모르고 "또! 또! 또!"를 외치며 책을 읽어달라고 조르는 이유는 바로 시간과 공간이 왜곡되어 그런 것이지요. 그러므로 10시간을 넘게 읽어줘도 아이들에게는 마치 한 시간도 채 지나지 않은 것처럼 느껴집니다. 신선놀음에 도끼자루가 썩어가는 줄 모르듯, 한 분야에 깊이 빠져들면 자신이 지금 어디에 있는지, 시간은 또 언제 흘러갔는지 미처 깨닫지 못하기 때문이지요.

몰입이 중요한 이유는 그 순간 최고의 성취를 이룰 수 있을 뿐만 아니라, 어느 한 분야에 대한 몰입이 또 다른 분야에 대한 몰입을 불러오기 때문입니다.

제 교육철학은 아이의 몰입을 반대하지 않는 것입니다. 아니, 오히려 긍정적인 몰입이라면 적극적으로 격려하고 있습니다.

푸름이가 책의 바다에 빠진 시기는 생후 17개월부터 27개월까지로 10개월 동안 이어졌습니다. 그 기간 동안 우리 부부는 거의 매일 밤을 새워 푸름이에게 책을 읽어줘야 했답니다. 굳이 양적으로 계산해 본다면 5년은 걸려 읽어줄 만한 분량을 단 10개월 만에 읽어준 셈이지요.

비록 하루하루 쌓여만 가는 피로와 턱없이 부족한 잠에 시달려야 했던 힘든 기간이었지만, 지금 생각해 보니 바로 그 때 푸름이의 책읽기 기초가 튼튼히 다져졌고, 또 그때만큼 책읽기에 관한 성취가 이루어진 적도 없다고 생각됩니다.

이제 푸름이는 훌쩍 자라 성인이 되었습니다. 앞으로 무엇을 할지에 대한 진로를 스스로 결정하더니 어릴 때 책을 읽으며 몰입했던 것처럼 자기가 좋아하는 분야의 학업에 주도적으로 무섭게 몰입하고 있습니다.

이 책은 수만 명이 넘는 부모님들과 나눈 진지한 대화와 그들의 눈물과 함께한 수많은 질문과 답변, 책으로 훌륭하게 성장해온 아이들에 대한 반가운 사례들, 그리고 수많은 책을 읽으면서 어느 사이 제 몸에 통찰로 다가온 책읽기 발달에 관한 경험이 누적된 결과의 산물입니다. 단순히 몇 가지 교육이론을 바탕으로 짜맞춘 것이 아니라 실제 사실과 사례에 근거해 실증적으로 기술한 책이기에 자신 있게 그리고 망설임 없이 추천할 수 있습니다.

이 책을 통해 책읽기가 단순히 학교 공부를 잘 하기 위한 수단이 아니라, 내 아이가 가지고 있는 위대한 내면의 힘을 끌어내어 지성과 감성이 조화로운 행복한 인재를 길러 내는 교육철학으로 자리매김했으면 하는 바람입니다.

그리고 풍요롭고 알차게 이 책을 쓸 수 있도록 함께 울고 웃으며 위로하고 공감하며 진심으로 배려 깊게 사랑해 준 모든 부모님들께 깊은 감사를 드리며 그분들께 이 책을 바칩니다.

푸름아빠 최희수

어느 부모든 아이가 책을 잘 읽었으면 좋겠다는 소망을 품고 있다. 그래서 아이가 어릴 때부터 목이 아플 때까지 책을 읽어주고, 아이가 좋아할 만한 책을 고르느라 고심한다. 이런저런 방법을 동원해보지만, 책을 잘 읽는 아이를 만들기란 그리 간단하지 않다. 이번 장에서는 책읽기가 왜 중요한지, 아이가 책을 잘 읽기 위해 부모는 어떤 자세를 가져야 하는지 알아볼 것이다.

Part
01

우리 아이
내면의 힘을 키우는
'행복한 책읽기'

아이의 영재성, '부모'가 키운다

세계 어느 나라든 인재를 발굴하고 키우는 데 대한 관심이 뜨겁다. 이미 오래전부터 미국, 이스라엘, 서유럽 등에서는 유능한 인재를 발굴하고 키워내는 데 국가적 지원을 아끼지 않았고, 우리나라에서도 이제는 인재 발굴에 관심을 보이고 있다.

오래 전 푸름이가 영재로 언론에 알려진 뒤 강연을 하게 되면서 우리 부부는 "푸름이는 천재잖아요……." 또는 "푸름이가 어떻게 우리 아이하고 같아요. 푸름이는 특별한 아이죠."라는 이야기를 듣곤 했다. 하지만 이는 천재와 영재를 혼동해서 했던 말이 아닐까 싶다.

천재는 말 그대로 정말 한 세기에 한 명 나올까 말까 한 사람이고, 반드시 자신의 업적으로 천재임을 증명한다. 반면 영재는 어느 한 분야에서 개념과 기능을 습득하는 능력이 뛰어난 사람을 말한다. 푸름이처럼 언어 능력이 뛰어날 수도 있고, 또는 그림을 잘 그리거나, 음악성이 뛰어나거나, 운동을 잘하거나, 수학을 잘하거나, 내적 통찰력이 뛰어나거나, 사람을 잘 사귀는 등 다양한 분야에서 뛰어난 역량을 발휘할 수 있는 것이다.

이런 관점에서 본다면 천재와는 달리 영재는 길러질 수 있다는 말이 설득력을 갖는다. 사실 인간은 누구나 한 가지쯤 뛰어난 능력을 가지고 있다. 다만 부모가 생애 초기에 만들어주는 환경이 그것을 꽃피울 수 있느냐 그렇지 못하느냐에 따라 그 역량은 더욱 발전하기도 하고 또 사그라지기도 한다.

그렇다면 어떤 아이들을 소위 영재아라고 부르는 걸까? 이 아이들이 가진 공통적인 특성들은 다음과 같다.

행복하고 똑똑한 영재아들의 공통적인 특징

첫째, 영재아들은 언어가 무척 빠르다. 언어가 빠르다는 것은 말을 일찍 시작한다는 의미도 있지만, 또래들보다 훨씬 수준 높은 어휘를 구사한다는 뜻이다. 말은 평균적으로 여자아이가 남자아이보다 빠르게 시작하기도 하고, 아이마다 말문이 터지는 시기가 다르기도 하지만, 영재아는 예외 없이 언어 이해 능력이 뛰어나다. 그래서 아이들과 대화하는 것이 아니라 마치 어른들과 대화하는 느낌을 준다.

개인차가 있기는 하지만, 아기 때부터 부모가 꾸준하게 다양한 언어 자극을 주면 아이의 언어 발달에 긍정적인 영향을 준다는 연구 결과들이 속속 발표되고 있다. 아이의 언어 발달을 위해서라도 부모는 자녀 앞에서 수다쟁이가 되어야 하는 것이다.

둘째, 영재아들은 글을 일찍 읽는다. 읽기는 모든 학습의 기초다. 읽을 줄 알아야 수학이든 과학이든 사회든 공부할 수 있다. 따라서 읽기를 일찍 시작한 아이는 훗날 학교에 들어가서도 좋은 성적을 거둘 가능성이 높다. 글을 읽는다는 것은 책만 펼치면 호기심 가득한 재미있는 이야기를 해주는 사람이 곁에 있는 것과 같다. 그러므로 부모가 옆에 없더라도 별로 불안해하거나 심심해하지 않는다.

대부분의 아이가 책이나 인쇄된 문자에 겨우 흥미를 보이기 시작할 무렵이 되기 전에 영재아들은 글자 읽는 방법을 알고 있는 경우가 많다.

부모가 어릴 때부터 책을 많이 읽어주면 아이는 일찍부터 글자에 관심을 갖게 되고, 이것은 결국 읽기 능력의 발달로 이어진다.

어느 부모는 우리 부부가 쓴 《푸름이 이렇게 영재로 키웠다》라는 책을 읽고 깊은 감명을 받아 18개월부터 놀이하듯 재미있게 한글을 가르치기 시작했다고 한다. 그러자 24개월에 아이 스스로 책을 읽었고, 36개월에 이르자 하루에 수십 권씩 책에 빠져 지냈다고 한다.

셋째, 영재아들은 모든 것에 대한 호기심이 강하다. 끊임없이 질문을 해대고, 사물에 관해 흥미를 보이며, 관심 가는 물건을 오랫동안 만지작거리며 응시하거나 탐구한다. 방 안을 난장판으로 만들거나, 목욕탕에 들어가 한두 시간씩 물을 틀어놓거나, 설거지를 한다며 부엌을 온통 물바다로 만들어버리는 장난꾸러기가 되기도 한다.

강연을 자주 하다 보니 이젠 엄마들 눈빛만 봐도 무슨 생각을 하는지 알 수 있다. 어느 날 강연 도중 "아이가 장난이 심하면 어떻게 하세요?" 하며 질문을 툭 던졌더니, 한 엄마가 즉각적인 반응을 보였다. 설마 이 많은 사람 가운데 자기를 주목하리라는 생각은 꿈에도 하지 못했는지 작은 목소리로 "두들겨 패야죠." 하는 것이었다. 평소에 그렇게 하지 않으면 절대로 나올 수 없는 본능적인 반응이었다.

장난꾸러기란 세상을 알기 위해 자기만의 방식으로 열심히 실험하고, 정보를 수집하며, 결과를 분석하는 아이이다. 즉 '이렇게 하면 어떤 일이 일어날까?'라고 생각할 줄 아는, 호기심 넘치는 아이인 것이다.

아이가 우유를 다 먹은 다음 우유병을 휙 집어던지면 무조건 나무랄 게 아니라 "아, 우리 아이가 지금 탄성계수를 시험하고 있구나." 하고 엄마가 센스 있게 알아차려야 한다.

넷째, 영재아들은 기억력이 뛰어나다. 기억은 모든 학습을 가능하

우리 아이 내면의 힘을 키우는 '행복한 책읽기'

게 하는 밑바탕이다. 태어나면서부터 죽는 날까지 인간의 모든 학습은 기억에 의해 이루어진다. 많은 사람들이 흔히 기억력을 유전의 결과라고만 생각한다. 그러나 꾸준한 반복을 통해 기억력이 향상된다는 결과들이 이미 많은 연구에서 검증되었다.

예를 들어 아이가 똑같은 동화책을 지겨울 만큼 반복해서 읽어달라고 요구하더라도 꾹 참아가면서 백 번이고 천 번이고 읽어주어야 한다. 이는 아이가 지식을 언제든 *끄집어낼 수* 있는 장기기억으로 전환시키려고 노력하는 과정이기 때문이다.

다섯째, 영재아들은 유머감각이 뛰어나다. 유머감각의 핵심은 '뜻밖의 놀라움'이다. 나이와 상관없이 사람들은 뜻밖의 놀라움에 웃음을 터뜨리게 마련이다. 기대에 어긋나는 일이 벌어지면 웃음보가 터지는 것이다.

어린 시절에 하는 놀이 중에 '까꿍놀이'가 있다. 손으로 얼굴을 가리고 있다가 갑자기 손을 떼면서 "까꿍~" 하면 아이는 깜짝 놀라면서 웃음을 터뜨린다. 이처럼 어린 시절에 부모가 함께 해주는 놀이 하나라도 아이의 다양한 감각을 발전시키는 데 큰 영향을 미친다.

여섯째, 영재아들은 상상력이 뛰어나다. 무언가를 항상 중얼거리거나 옆에 누가 있는 것처럼 말을 걸고 씩씩거리며 돌아다닌다면 아이는 지금 상상의 날개를 펼치고 있는 것이다. 어둠 속에서 혼자 중얼거리는 아이를 보며 혹시 문제가 있는 건 아닌지, 귀신에 홀린 건 아닌지 걱정하기도 하는데 전혀 그럴 필요가 없다. 아이는 지금 상상의 세계 속에서 친구와 대화를 나누고 있는 것이다.

이런 아이들은 학교에서든 집에서든 심심할 겨를이 없다. 친구와도 즐거운 시간을 보낼 수 있지만, 혼자서도 얼마든지 즐겁게 놀 수 있기 때문이다. 물론 아이는 성장하면서 상상의 친구가 현실에는 존재하지 않는다는 것도 깨닫게 된다. 상상의 친구를 사귀면서 아이는 타인의 생각도 고려할 줄 알게 되고, 상상놀이를 통해 언어도 발달하게 된다.

일곱째, 영재아들은 도전정신이 강하다. 줄기차게 자기 능력 이상의 것에 도전하려 하고, 에너지가 충만하여 잠도 별로 없다. 이런 아이들은 머리로는 충분히 생각할 수 있지만, 아직은 혼자서 할 수 없는 일에 부딪히는 경우가 많기 때문에 욕구 불만을 느껴 울음을 터뜨리는 경우도 종종 있다.

예컨대 그림이 자기 생각대로 그려지지 않으면 꾸깃꾸깃 구겨버리고 어른에게 자기가 생각하는 대로 그려 달라며 조르기도 한다.

푸름이가 어릴 때 양을 그려 달라고 하기에 그려 주었더니 한참을 바라보다 울음을 터뜨린 적이 있었다. 푸름이는 울면서 이렇게 말했다. "아빠, 이게 양이야? 개지!"

여덟째, 영재아들은 집중력과 과제 집착력이 있다. 집중력은 정신을 몰아 쓸 수 있는 능력이다. 재미있는 사실은 본래 집중력이 뛰어난 아이라고 해도, 부정을 많이 당하고 부모가 매사 간섭하면 집중력이 사라지면서 산만한 아이로 성장할 수 있다는 것이다.

역설로 들릴지 모르지만 지나치게 깔끔함을 강조하는 집에서는 영재아가 나오기 어렵다. 아이가 뭔가에 집중해 놀고 있을 때는 과연 아이의 집중을 방해하면서까지 방을 치우는 게 우선인지 생각해 봐야 한다.

그렇다고 아이가 모든 일에 집중한다는 뜻은 아니다. 아이는 자기가

집중력이 대단하네!
우리 아이가 혹시
영재는 아닐까?

관심을 갖는 일에 대해서만 놀라울 만큼 집중력을 발휘한다. 밤을 새워 책을 읽어달라고 하거나, 종이 접기를 시작하면 끝장을 봐야 하고, 개미라도 발견하면 그 자리에서 한두 시간쯤 꼼짝도 하지 않는다.

책읽기는 집중력을 키우는 좋은 방법 가운데 하나다. 책을 읽는 과정이 곧 집중력을 키우는 과정인 것이다. 책을 좋아하고 책에 푹 빠져 있는 아이들은 행동이 진중하다. 만약 이런 아이들에게 책을 주지 않으면 그 넘치는 에너지와 장난기를 부모가 감당할 수 없을 것이다. 우리 부부가 경제적으로 그리 넉넉하지 못한 상황에서도 푸름이에게 책을 사준 것은 사실 그렇게 하지 않고서는 견딜 수 없었기 때문이다. 처음부터 영재로 키우기 위해 책을 보여준 것은 아니었다.

마지막으로, 영재아들은 비동시적이다. 특정한 재능은 빠르게 발달할 수 있지만 그렇지 않은 분야도 있어서 그 격차가 크게 나타나기도 한다. 예를 들어 지적 능력은 뛰어난 반면, 정서적 능력은 늦을 수도 있다. 따라서 영재아들은 차이 나는 여러 가지 능력이 한 몸에 있는 것처럼 보이고, 섬세하게 보호받지 못하면 상처도 쉽게 받는다.

이러한 특성들 외에도 영재아들은 뛰어난 관찰능력이라든가 창의력, 복잡한 개념을 쉽게 받아들이는 풍부한 이해력 등을 갖고 있다. 이러한 특성들은 유전적으로, 선천적으로 타고나는 것이라기보다는 부모의 양육 태도와 환경에 따라 얼마든지 달라질 수 있다.

우리 아이의 숨어 있는 재능을 알아보는
'영재성 테스트'

다음은 KAGE영재교육학술원의 영재성 체크리스트이다. 질문 내용은 일반적인 것이므로, 정확한 판별을 원한다면 전문기관의 도움을 받는 것이 바람직하다. 만 4세 이상의 아이를 대상으로 한다.

- □ **01** 사용하는 단어가 어른스럽고 어휘력이 뛰어나다.
- □ **02** 동의어, 반의어를 많이 알고 있어 함축성 있게 의사를 표현한다.
- □ **03** 유머감각이 뛰어나며 농담의 의미를 파악할 수 있다.
- □ **04** 낯선 단어들의 의미를 배우는 데 욕심을 보인다.
- □ **05** 자기가 알고 있는 것을 정확하게 설명할 수 있다.
- □ **06** 특별히 가르쳐주지 않았지만 글을 읽기 시작한 시기가 유난히 빠르다.
- □ **07** 신체적 언어, 표정 등을 사용해 자기의 생각을 적절하게 표현한다.
- □ **08** 엄마가 설명해 준 것을 다시 정리해서 표현한다.
- □ **09** 백과사전이나 과학책 같은 어려운 책을 좋아한다.
- □ **10** 단어를 정확하고 적절하게 사용한다.
- □ **11** 사물에 호기심이 많다.
- □ **12** 질문이 꼬리를 물면서 계속된다.
- □ **13** 현상에 대한 원인과 결과를 알고 싶어 한다.
- □ **14** 특정 기간 어느 한 주제에 대해 관심을 갖고 그 외의 것에는 관심을 갖지 않는다.
- □ **15** 공격적이지는 않지만 고집과 자기주장이 강하다.
- □ **16** 사물에 대한 이해가 빠르고 설명을 잘 이해한다.
- □ **17** 기계나 사물의 원리에 대해 궁금해한다.
- □ **18** 문제가 생기면 여러 가지 방법으로 해결하려고 한다.

□19 오랫동안 한 가지 일에 집중한다.

□20 수수께끼나 퀴즈 등 알아맞히는 것을 좋아한다.

□21 나이가 더 많은 아이와 놀기를 좋아한다.

□22 어렵고 곤란한 문제에 부딪혀도 깊이 생각하며 해답을 찾으려고 노력
한다.

□23 다른 아이에 비해 기억력이 좋다.

□24 자율적이고 독립적인 성향이 강하다.

□25 장기, 바둑, 퍼즐 등 깊이 생각하는 놀이를 좋아한다.

□26 여러 가지 관심 대상을 갖고 있다.

□27 자신의 성과에 대한 욕구가 커서 모든 것을 잘하려고 한다.

□28 무엇을 배우거나 숙달하려고 할 때 빨리 습득한다.

□29 정서적으로 민감하고 섬세하며 감성이 풍부하다.

□30 기발한 착상이나 제안 등을 하여 부모를 놀라게 한다.

□31 블록 놀이(레고)에 오래 집중한다.

□32 수에 관심이 높다.

□33 도형이나 그림에 관심이 높고 공간 지각력이 있다.

□34 수 개념이 일찍 형성되었다.

□35 수와 계산에 많은 흥미를 보인다.

□36 하던 일을 꼭 마치려고 한다.

□37 머리를 쓰는 활동을 좋아한다.

□38 여가 시간에 무엇을 할지에 대해 스스로 결정하기를 좋아한다.

□39 새로운 활동이나 학습하는 것을 매우 기대한다.

□40 책을 읽어줄 때 1시간 이상 집중해서 듣는다.

'네'는 1점, '아니요'는 0점으로 계산
· 25~29점: 학습 능력이 평균 이상
· 30~34점: 학습 능력과 지적 호기심이 뛰어남
· 35점 이상: 영재 특성이 매우 높음

우리 아이 내면의 힘을 키우는 '행복한 책읽기'

이러한 평가에 앞서 한 가지 주의할 점이 있다. 만일 아이가 영재로 판정될 경우 '우리 아이는 남보다 뛰어나니까 더욱 잘해야 한다.'라는 생각으로 아이에게 공부에 대한 압력을 은연중에 가하게 된다. 그러므로 이것을 이겨 낼 수 있는지 한번 되돌아보고, 충분히 이겨 낼 수 있다는 확신이 들 때 해야 한다.

푸름이의 경우 KEDI-WISC(한국웩슬러아동 지능검사)를 받아 보았는데, 언어성 지능이 149로 최상위 점수를 받았다.

하지만 검사를 받으면서 느낀 것은 이 검사도 아이의 재능을 완벽하게 파악할 수는 없다는 사실이었다. 어떤 부분에 있어서는 부모의 느낌과 생각이 훨씬 더 정확하다고 생각되었다.

한편 영재라고 생각했는데 영재가 아니라는 판정을 받을 수도 있고, 또 아이가 검사 자체를 거부하는 경우도 있다. 그럴 때 부모가 실망하는 내색을 보이면 아이가 힘들어할 수도 있으므로 검사를 받는 문제와 기관의 선택은 신중하게 결정해야 한다.

현재 유·아동의 지적 능력을 평가하기 위해 표준화된 검사로는 K-WPPSI, KEDI-WISC의 개정판인 WISC-III, 정보처리이론에 근거해 인지능력을 평가하는 K-ABC 등이 있다.

똑똑하고 안정된 아이로 키우는
'부모의 조건'

아동 두뇌 발달을 연구한 세계적인 학자 글렌 도만은 머리 좋은 엄마와 반응을 잘해 주는 엄마로 그룹을 나누어 어느 그룹에서 영재가 더 나올지 조사했다. 조사하기 전에는 머리 좋은 엄마에게서 영재가 나올 확률이 높다고 생각했다. 아무래도 유전적으로 우수할 테니 가능성이 높다고 본 것이다. 그런데 연구 결과 머리 좋은 엄마보다는 반응을 잘해 주는 엄마 그룹에서 영재가 더 많이 나왔다.

아이가 시험에서 100점을 받아왔다고 가정하자. 아이가 100점을 받아온 것 자체를 기뻐하고 칭찬하기보다는 "너희 반에 100점 받은 아이는 너 말고 또 몇 명이나 되니?" 하는 반응을 보인 엄마는 아이의 기쁨을 감소시켰다.

반면 다른 아이들의 점수와는 상관없이 아이 자체의 노력을 칭찬하

우리 아이 내면의 힘을 키우는 '행복한 책읽기'

고 열렬히 반응해 준 엄마는 아이가 자신의 성취를 마음껏 기뻐하도록 했다.

'아이들은 부모의 반응을 먹고 성장한다!'

글렌 도만이란 대학자가 장장 40년을 연구한 결과가 바로 이것이다. 이 간단한 진리를 깨닫기 위해 40년이나 연구했다는 것도 놀랍지만, 이 말처럼 자녀교육의 핵심을 제대로 짚어내기도 드물다.

강연이 5분만 진행되어도 유난히 눈에 띄는 엄마들이 있다. 얼굴이 예뻐서도 옷을 잘 입어서도 아니다. 아주 미묘한 차이지만 온몸으로 반응해 주고 있다는 느낌을 받기 때문이다. 내 말에도 저렇게 반응하는데 자식들 말에는 오죽 잘 반응할까 싶어 강연이 끝난 후 이야기를 나눠보면 여지없이 아이들이 잘 성장하고 있다.

아이를 대하는 부모의 눈빛 속에 아이의 미래가 있다

아이를 키워내는 최상의 방법은, 부모가 있는 그대로 아이를 배려 깊게 사랑하는 마음으로 받아들이는 것이다. 이것이야말로 아이를 몸과 마음이 모두 건강한 사람으로 키우는 가장 좋은 방법이다. 이렇게 배려 깊은 마음을 기본으로 하는 양육 태도가 밑바탕이 되어야만 아이는 친구들과 좋은 관계를 맺고 배움에 열중할 수 있다.

사람들을 만나다 보면 이야기를 나누는 게 무척 즐거워서 계속 같이 있고 싶은 사람이 있는가 하면, 짧은 순간이라도 같이 있는 게 답답해지는 사람이 있다. 대화가 즐거운 사람들은 대체로 남이 이야기할 때 집중해서 잘 들어준다.

　육아도 마찬가지다. 영재를 키운 부모들을 만나보면 가슴을 열어놓고 언제라도 들을 준비가 되어 있다. 뿐만 아니라 편협하지 않고 배우는 걸 즐긴다. 창문을 열지 않으면 밖에서 불어오는 새로운 공기를 느낄 수 없다. 창문을 열어 바깥 공기를 느껴야만 비로소 방 안의 공기가 답답하다는 것도 깨달을 수 있다.

　그런 부모들은 아이의 눈빛을 놓치지 않으며, 아이가 무엇을 원하는지 잘 알고 있다. 정서적으로는 안정되어 있으며, 온화하고 따뜻하다.

　아이에게는 자신의 말을 자연스럽게 들어주고 부드럽게 반응해 주는 사람이 꼭 필요하다. 그랬을 때 아이의 마음은 안정적이고 편안해

지며 다른 것에 몰입할 수 있다.

아이를 처음 갖는 부모, 그것도 양심적인 부모일수록 아이에게 위압적으로 대할 수 있다. 아이를 잘 키워야 하고 사람들과 관계를 잘 맺어야 한다는 책임감 때문이다. 그래서 오히려 아이의 자발적인 행동을 억누르게 된다. 부모라면 아이가 무엇을 원하는지 섬세하게 감지하고 늘 물 흐르듯이 자연스러워야 한다는 것을 기억하자.

아이에게 올바르게 반응하기 위해서는 아이를 독립된 인격체로 존중해 주어야 한다. 호칭 하나라도 아이가 자존감을 느낄 수 있도록 신경써야 하는 것은 당연하다. 아이는 불러 주는 대로 자라게 마련이다. "멍청아!", "바보야!"라고 부르다 보면 아이는 자신을 그렇다고 믿고 어느덧 멍청이가 되고 바보가 된다. 호칭이 그 아이의 정체성을 결정하고 행동을 규정한다는 사실을 아는 부모들은 '박사님', '장군님'과 같은 긍정적이고 발전적인 호칭을 쓰면서 친구처럼 아이와 대화한다.

어느 날 부모 모임에서 눈빛이 지적이고 집중력이 있으며 정서적으로 안정된 아이를 본 적이 있다. 엄마가 아이를 어떻게 대하는지 유심히 관찰해 보았더니 존중하는 눈빛은 물론이고 자녀를 대하는 태도가 정중하고 사려 깊었다.

아이는 부모가 꿈꾸는 대로 자란다!

나는 몇 점짜리 부모일까?

나는 몇 점짜리 부모일까? 과연 나는 '좋은' 부모일까?

아이가 질문을 해올 때 귀찮아하지는 않았는지, 아이의 입장을 헤아리기보다는 내 편의만을 고려해 매사를 결정하지는 않았는지, 아이를 한 사람의 인격체가 아닌 소유물로 여겨온 것은 아닌지 한번 돌이켜 보기 바란다.

다음 질문에 답해 보면서 평소 어떤 자세로 아이를 대해 왔는지 살펴보고, 옳지 않은 생각이나 행동을 발견했다면 지금부터라도 개선해 나가도록 노력해 보자.

☐ **01** 나는 아이가 묻는 질문에 될 수 있는 한 참을성 있고 정직하게 대답해 준다.

☐ **02** 나는 아이가 진지하게 묻는 질문에 성의 있게 대답해 준다.

☐ **03** 나는 아이가 자기 스스로 한 것을 자랑스럽게 여기도록 벽에 아이가 만든 것을 전시해 준다.

☐ **04** 나는 아이가 어떤 창작적인 활동(색칠하기, 점토놀이 등)을 할 때 주변을 어질러 놓았더라도 다 끝날 때까지 참고 견딜 마음의 준비가 되어 있다.

☐ **05** 나는 아이에게 자기 방 혹은 아이 혼자 사용할 수 있는 공간을 만들어 주어 아이 스스로 사용할 수 있게 해준다.

☐ **06** 나는 아이에게 무엇을 잘하기 때문이 아니라 자식으로서 사랑받고 있다는 것을 알려준다.

☐ **07** 나는 아이에게 그 연령에 적합한 책임을 맡긴다.

☐ **08** 나는 아이 스스로 계획을 세우고 결정을 내리도록 도와준다.

☐ **09** 나는 아이와 함께 아이가 흥미 있어 하는 장소로 견학을 간다.

☐ **10** 나는 아이가 하는 일에 대해 좀 더 좋은 방법을 가르쳐 준다.

☐ **11** 나는 아이에게 다른 환경에서 자란 아이들과도 잘 지내라고 격려한다.

☐ **12** 나는 적당한 행동 기준을 정해 놓고 아이가 지키고 있는지 눈여겨본다.

☐ **13** 나는 결코 아이를 다른 아이들과 비교해 나쁘게 말하지 않는다.

☐ **14** 나는 아이를 모독하는 방법으로 벌주지 않는다.

☐ **15** 나는 아이가 흥미 있어 하는 재료들이나 책을 마련해 준다.

☐ **16** 나는 아이 스스로 어떤 일을 생각해 내도록 격려해 준다.

☐ **17** 나는 규칙적으로 아이에게 책을 읽어준다.

☐ **18** 나는 아이에게 일찍부터 책읽는 습관을 길러주고 있다.

☐ **19** 나는 아이가 이야기나 상상놀이를 하도록 격려한다.

☐ **20** 나는 아이의 개별적이고 개인적인 욕구를 신중히 고려한다.

☐ **21** 나는 매일 아이와 단둘이만 있을 수 있는 시간을 마련한다.

☐ **22** 나는 아이가 가족 여행이나 가정의 계획을 결정하는 데 참여하도록 해
준다.

☐ **23** 나는 아이의 실수에 대해 핀잔을 주지 않는다.

☐ **24** 나는 아이가 이야기, 시, 노래를 즐기도록 격려해 준다.

☐ **25** 나는 아이가 나이 많은 어른들과도 사교적으로 지내도록 격려해 준다.

☐ **26** 나는 아이가 사물에 대해 호기심을 갖도록 실제적인 방법을 생각한다.

☐ **27** 나는 아이가 잡동사니들을 갖고 놀도록 내버려둔다.

☐ **28** 나는 아이 스스로 문제를 찾고 해결해 나가도록 격려한다.

☐ **29** 나는 아이가 하는 활동 중에서 칭찬할 만한 특별한 일을 찾아낸다.

☐ **30** 나는 아이에게 의례적인 말이 아닌 진심이 담긴 말로 칭찬을 한다.

☐ **31** 나는 아이에게 자신의 감정을 솔직히 표현한다.

☐ **32** 나는 아이와 모든 문제에 대해 같이 의논한다.

☐ **33** 나는 아이에게 스스로 결정할 수 있는 기회를 마련해 준다.

☐ **34** 나는 아이를 독립적인 인격체로 대해 준다.

☐ **35** 나는 아이가 텔레비전 프로그램에서 가치 있는 것을 선별하도록 도와준다.

☐ **36** 나는 아이가 자신의 능력에 대해 긍정적으로 생각하도록 격려한다.

☐ **37** 나는 아이가 잘못된 일을 할 때 대충 넘어가지 않는다.

☐ **38** 나는 될 수 있는 한 아이가 독립적이도록 격려한다.

☐ **39** 나는 내 아이가 좋은 아이라고 믿는다.

☐ **40** 나는 부모의 전적인 도움으로 성공하기보다는 아이 스스로 하게 하다가 실패하는 편이 낫다고 생각한다.

'네'는 1점, '아니요'는 0점으로 계산

· 24점 이하: 아이와 함께 지내면서 위에 제시된 행동을 더 많이 할 수는 없는지 다시 한 번 생각해 보세요.

· 25~34점: 부모 역할을 무난하게 수행하고 있지만 좀 더 노력해야 해요.

· 35점 이상: 배려 깊은 사랑으로 아이를 대하고 있어요.

우리 아이 내면의 힘을 키우는 '행복한 책읽기'

책읽기의 즐거움을 아는 아이는
삶이 행복해진다

영재를 키운 부모들을 보면 대부분의 부모들과 다른 점이 있는데, 그 가운데 하나가 바로 자녀와 대화를 나눌 때 다양한 어휘를 사용한다는 점이다.

예컨대 보통의 부모들은 "밥 먹어야지." "그만 들어가 자라." 하는 식의 어휘를 주로 사용한다. 반면 영재를 키운 부모들은 풍부한 언어를 들려주려고 노력한다. 식탁 위에 바나나가 있으면 "저것 좀 가져와라."라고 말하지 않는다. "저기 노란 바나나 두 개만 가져다줄래?" 와 같이 '노란'이란 색깔을 지정하고 '두 개'라는 수량을 지적함으로써 아이가 자연스럽게 배울 수 있는 기회를 제공한다.

이처럼 부모가 얼마나 다양한 어휘를 아이에게 들려주느냐에 따라 아이의 지능 발달에 커다란 차이를 가져올 수 있다.

그런데 이보다 더 중요한 게 바로 책을 읽어주는 것이다. 어릴 때부터 책을 읽어주면 머리가 좋아진다는 사실은 아이를 키워본 부모라면 누구나 체험적으로 알고 있다. 미국에서는 이미 여러 연구와 실험을 통해 검증됐고, 이는 책 읽어주기 운동으로까지 이어졌다.

미국소아과학회는 생후 6개월 이상의 아이에게 지속적으로 책을 읽어주었을 때, 아이의 머리가 좋아졌다는 연구 결과를 발표했다. 부모가 한 단어, 한 구절을 읽어줄 때마다 수천 개의 뇌 세포가 반응하면서 시냅스 간 연결 구조가 더욱 밀접해지고 단단해지며 새로운 세포가 만들어지는 등 언어 인지 능력이 커진다는 것이다.

사실 부모가 아이에게 책을 읽어준다는 게 말처럼 쉽지는 않다. 그러나 무언가를 배울 때 한동안 거기에 빠져 몰입해야 하듯이 아이가 책을 잘 읽기 위해서는 반드시 부모가 책을 홍수처럼 읽어줘야 하는 일정 시기를 거쳐야 한다.

아기 때부터 자연스럽게 책을 읽어주며 책 속에 숨은 그림을 찾는 것과 같은 놀이를 하다 보면, 18~30개월 무렵 밤새워 책을 읽어달라는 시기가 온다. 이때 잠을 자지 않아 키가 크지 않는다는 둥 여러 핑계를 대면서 책을 읽어주지 않으면, 그 이후에는 아이가 자발적으로 책을 읽기가 쉽지 않다. 따라서 이 시기만큼은 아무리 힘들어도 아이가 원하는 만큼 열심히 책을 읽어줘야 한다. 다행스럽게도 이 시기가 그리 길지는 않다.

우리 아이 내면의 힘을 키우는 '행복한 책읽기'

책의 즐거움을 아는 아이는 쉽게 중독의 늪에 빠지지 않는다

책을 읽는 즐거움에 푹 빠졌다 나온 아이는 텔레비전이나 컴퓨터 게임 등에 잘 중독되지 않는다. 또한 어릴 때 책을 즐겨본 아이들은 일상에서 흔히 쓰지 않는 수준 높은 단어를 많이 사용한다. 책에서 배운 단어를 상황에 맞춰 구사하는 것이다.

책읽는 즐거움에 빠진 아이에게는 굳이 예의범절을 일일이 가르칠 필요가 없다. 아이 스스로 책 속에서 깨우쳐가기 때문이다. 책을 통해 도덕적·사회적 판단을 배우며 삶의 진정한 가치를 깨달아 가는 것이다.

푸름이가 3개월 때 처음으로 전래동화를 포함해 전집 몇 질을 구입했다. 당시 우리는 책이 아이의 성장에 얼마나 중요한지 잘 알지 못했다. 그저 책을 펼쳐 보여주자 3개월밖에 안 된 아이가 그림을 보고 손발을 바동거리는 게 신기했던 푸름엄마가 혹시 영재일까 싶어 월세 3개월치를 털어 덜컥 사버렸기 때문이다.

푸름엄마는 자식에게 뭔가를 해주었다는 생각에 잠시 뿌듯했지만, 나와 한마디 상의도 하지 않은 채 큰돈을 써버려 불안해진 나머지, 내가 퇴근할 시간이 가까워 오자 책을 감출 생각까지 했단다. 그때 나는 3개월밖에 안 된 아이가 저런 책을 어떻게 볼까 하는 생각이 들었다. 하지만, 책은 오래 둔다고 썩는 물건도 아니고 해서 푸름엄마의 걱정과는 달리 싫은 소리는 하지 않았다.

시작은 다소 엉뚱하긴 했지만, 결과는 참으로 엄청났다. 푸름이는 어려서 장난이 아주 심했는데, 놀랍게도 책만 주면 잠잠해졌다. 때론 장난이 너무 심해 내가 낮은 목소리로 "푸름아!" 하고 부르면 "아빠, 죄송합니다. 다시는 안 그럴게요." 하면서 정식으로 사과를 했다. 그 모습이 어찌나 의젓하고 엄숙한지 깜짝 놀랄 정도였다. 모르는 사람이 보면 아이를 얼마나 잡았으면 저렇게 예의 바를까 했을 것이다. "대체 그런 걸 어디서 배웠니?" 하고 물으니 그때 구입한 전래동화에서 읽은 '말 안 듣는 청개구리'한테서 배웠단다.

정말 책이 무섭다는 생각을 했다. 아이는 책을 통해 세상을 살아가는 지식과 지혜를 흡수해 그것을 행동으로 옮기고 있었던 것이다. 그래서 나는 지금도 아이가 그림을 보고 바둥거렸다는 이유만으로 과감하게 3개월치 월세를 털었던 푸름엄마의 결단에 박수를 보낸다. 그때의 결단이 없었다면 오늘의 푸름이는 없었을지도 모른다. 더불어 책이 아이를 심신이 건강한 행복한 영재로 만들어준다는 사실도 미처 깨닫지 못했을 것이다.

우리 아이 내면의 힘을 키우는 '행복한 책읽기'

Q 아이가 책대로 따라하다 보니 부산스러워요

우리 아이는 책을 읽으면서 책에 있는 그림대로 따라합니다. 손동작도 발동작도 다 따라하니 좀 부산스러운 것 같아 걱정이에요. 예전에 밤새 책을 읽어달라고 하는 시기가 있었어요. 그런데 같은 책만 연속해서 읽어달라고 하고 밤도 늦고 해서 제가 여러 번 거절했어요. 그러고 난 이후에는 밤에 책을 읽어달라고 하지 않아요. 계속해서 책을 읽어주면 그런 시기가 다시 올까요? 그럴 때는 어떤 점에 주의해야 하나요?

A 교육을 하는 데 있어 가장 중요한 것은 부모의 편의보다는 아이를 먼저 배려하는 점입니다. 배려받은 아이들은 남을 배려하는 것을 은연중에 배우게 되고, 부모가 자식을 배려하면 아이들은 협조하게 되어 있습니다. 이것이 부모의 목소리를 높이지 않고도 아이들을 움직일 수 있는 비법이기도 하지요.

아이는 각각의 독특한 특징을 갖고 태어납니다. 어떤 아이는 청력이 섬세하고, 어떤 아이는 몸을 움직이며 배우는 것을 좋아하고, 어떤 아이는 조용한 가운데 눈으로 배우는 것을 좋아하지요. 만일 아이가 몸을 움직이며 배우는 것을 좋아하고, 잘한다면 그러한 능력을 키워줘야 합니다.

그런데 부모의 고정적인 시각으로 아이를 판단하려 한다면 문제가 생깁니다. 책을 얌전히 읽어야 한다는 기준에 맞추려 한다면 아이는 저항하게 될 것이고, 그러는 사이에 배움에 대한 즐거움은 사라져 버리게 되지요.

아이가 그림의 내용을 따라한다면 책의 내용 속에 푹 빠져 있는 것입니다. 부모가 할 일은 아이의 집중을 칭찬하고 재미있게 책을 읽을 수 있도록 도와주는 일이지요. 아이가 특정한 시기에 밤새워 책을 읽어달라고 요구하는 시점이 있습니다. 이때는 똑같은 책이라도 수백 번 수천 번이든 읽어주세요. 아이가 그렇게 반복해서 읽어 달라는 건 책에서 나온 단어들을 수없이 반복해 들으면서 다음 단계를 위해 기초를 다지는 과정이라고 할 수 있어요.

이 시기가 어느 때는 1년 가까이 진행될 수도 있습니다. 하지만 부모가 기꺼이 책을 읽어준다면 그 다음부터는 교육이 쉬워집니다. 이 과정을 통해 아이는 빠르게 어휘를 받아들이고 한글을 배우면서 스스로 책을 읽게 되지요. 그리고 대단한 집중력을 갖게 되면서 책을 좋아하는 아이로 성장하게 됩니다. 그 상태에 이르면 부모가 할일이 별로 없게 됩니다. 아이 스스로 책을 보면서 책 속의 교훈적인 내용을 흡수해 도덕적·사회적 판단 기준을 만들어가게 되니까요.

그렇다고 이제 와서 일부러 강요할 필요는 없습니다. 아이가 책을 읽어달라고 요청할 때 그 부탁부터 들어준다면 아이는 책을 좋아하는 아이로 성장할 것입니다.

아빠가 '교육의 장'에 들어오면
아내의 행복지수가 올라간다

아빠의 교육과 엄마의 교육은 분명 다르다. 아빠는 온몸으로 아이를 가르친다. 땀을 뻘뻘 흘리며 씨름을 한다거나 비행기를 태우고 아이를 공중으로 들어올리는 식이다. 하지만 엄마들은 말로 교육을 한다. 끈질기게 상황을 차근차근 설명하면서 자녀에게 언어적 자극을 준다.

그런데 아빠가 교육의 장에 들어오지 않으면 엄마의 역할에 변화가 생긴다. 조용히 눈과 귀를 사용하여 정보를 주는, 말에 의한 교육보다는 몸으로 가르치는 현상이 나타나는 것이다. 이로써 아이는 말로 배우는 교육의 한 부분을 잃어버리게 된다.

아이를 키우다 보면 누구에게나 힘든 고비가 찾아온다. 푸름엄마도 항상 "일주일만 바닷가에서 쉬다 오면 살 것 같다."며 입버릇처럼 이야기하곤 했다. 아이를 키운다는 건 이렇듯 엄청난 에너지를 요구한다. 남편이 그런 고충을 이해하고 아내의 이야기를 들어주면 아내는 아이의 엄마로서, 그리고 한 남자의 아내로서 자존감을 갖게 되고, 그 힘으로 어려운 시기를 뚫고 나갈 수 있게 된다.

그러나 남편이 아내의 이야기를 들어주지 않고 무관심하거나 심지어 속을 썩이면 아내는 남편에게서 받은 스트레스까지 아이에게 쏟아붓게 된다. 이로 인해 엄마의 감정 기복이 심해지면서 아이는 상처받기 쉬운 사람으로 성장한다.

육아에 재미를 느낀 아빠는 기꺼이 술자리를 포기한다

아빠가 육아의 재미를 깨닫게 되면서 가족 전체에 끼치는 긍정적인 영향은 놀랄 정도다. 어느 부부의 이야기다. 아빠가 원래 술을 좋아해서 한번 술자리를 가지면 7~8시간씩 최소 4차까지는 기본이었다고 한다. 그런데 아이 키우는 재미에 푹 빠진 뒤로는 웬만해서는 술자리도 피하고 퇴근하기가 무섭게 집으로 돌아와 아이와 함께 논다는 것이다.

충분히 공감이 간다. 나 또한 푸름이를 키울 때 그랬으니까. 유아 교육책을 읽으면서 거기에 나온 내용을 푸름이에게 적용시켜 보았는데, 반응이 나오면 참으로 놀랍고 신기할 정도였다. 그러다 보니 늘 아이 키우는 문제에만 관심을 두게 되었고, 술자리도 가지 않게 되었다.

아이는 구체적인 사물부터 시작해 추상적인 개념이나 사고를 받아들인다. 따라서 아이에게 먼저 주어야 할 것은 오감을 통해 다양한 사물을 받아들이게 하는 것이다. 아빠가 아이에게 책을 보여줄 때도 이러한 점을 고려하는 것이 좋다. "이건 토끼네. 토끼 눈이 빨갛구나!", "저건 거북이네. 거북이는 엉금엉금 기어가지."처럼 이것과 저것을 구별할 수 있는 책을 먼저 보여주어야 한다.

'봄'이라는 개념에 대한 이해가 확실하지 않은 유아에게 "여러분, 봄이 왔습니다."라고 이야기하면 아이는 '봄'을 내놓으라고 요구하거나, 봄을 찾아 두리번거릴 것이다. '봄'이라는 추상적인 단어를 이해할 수 없기 때문이다. 그러나 들판에 나가 민들레꽃이며 아지랑이가 피어오

따뜻한 봄이 왔구나.
나무들이 초록색 옷으로
갈아입고 있어.

르는 것을 본 아이라면 봄에는 민들레꽃이 피고 아지랑이가 피어오른 다는 것을 알기에 봄을 쉽게 이해할 수 있다.

오감을 통해 충분히 경험을 쌓은 아이는 나중에 고차원적 이고 추상적인 사고도 쉽게 할 수 있다. 어릴 때 자연에 관한 책을 충분히 접해야 하는 이유도 바로 여기에 있다. 따라서 아빠가 아이를 데리고 직접 자연으로 나간다면 오감을 통해 받아들일 수 있는 지적 자극을 충분히 줄 수 있다.

사실 많은 남자들이 육아에 서툴다. 나도 푸름이를 낳고 백일까지 는 가끔 아빠가 되었다는 사실조차 까맣게 잊어버리곤 했다. 처음 푸 름이를 안았을 때는 너무나 작아서 혹시 잘못 안았다가 어디가 부러 지는 건 아닐까 하는 불안감마저 느꼈다. 그러다 아이가 울기라도 하 면 혹시 뭐가 잘못된 건 아닌지, 혹시 나를 싫어하는 건 아닌지 해서 얼른 푸름엄마에게 아이를 넘겨주곤 했다.

아이는 뱃속에서부터 엄마의 높은 목소리를 많이 들어와서 아빠의 낮은 목소리는 엄마만큼 익숙하지 않다. 그러다 보니 아빠가 아이에 게 말을 걸면 울기도 하는 것이다. 조금 지나면 아빠 목소리에도 익숙 해져 덥석 안기지만 그 사실을 모르고 엄마에게만 떠넘긴다면 아빠는 점점 더 아이 키우는 재미를 느끼지 못하게 된다.

우리 아이 내면의 힘을 키우는 '행복한 책읽기'

Q 아빠를 교육에 참여시키고 싶어요

우리 남편은 집에 늦게 퇴근하자마자 씻고 TV 먼저 켭니다. 그리고 밥을 먹으면 밤 11시 정도가 되지요. 그럼 TV 시청을 하다가 제가 말을 하거나 아이가 책을 가지고 아빠에게 가면 마지못해 한두 권 읽어주다가 '이제 늦었으니까 자자.' 하고 끝내버립니다.

저는 아빠의 행동이 남자아이들에게 많은 영향을 미친다는 것에 공감하고 있어요. 아빠가 몸소 '아! 정말로 내가 교육에 참여해야겠구나, 나도 아이들을 위해 무언가 보탬이 되는 멋진 아빠가 되고 싶다.'는 동기 유발을 갖게 할 방법이 있다면 좀 알려주세요.

A 아이를 사랑하는 마음은 깊지만 어떻게 표현할지를 모르는 것이 보통의 아빠들일 거예요. 아빠에게 무엇을 해달라고 요구하는 대신에 진지하게 아이의 성장에 관해 이야기를 나누어 보세요. 남자는 무엇을 해달라고 하면 일단 거부감부터 갖습니다. 그러나 교육에 관해 툭 메시지를 던져줄 뿐 요구를 하지 않으면, 그때는 자신이 무엇을 하는 것이 바람직한지를 천천히 생각하게 됩니다. 아빠는 알지 못해 교육의 장에 들어오지 못하는 것입니다.

자신의 역할이 얼마나 중요한지 깨닫는 순간 아빠가 오히려 엄마보다 열렬하게 자녀의 교육에 동참하는 것을 저는 수없이 봐왔습니다. 차근차근 아빠와 아이의 미래에 관해 대화를 나누어 보시기 바랍니다.

학벌 좋은 부모보다
열정적인 부모가 자녀교육을 잘한다

아이를 키우는 데는 남다른 열정이 필요하다. 아이 키우는 게 즐거워 잠도 제대로 자지 않는 엄마들이 있다. 너무 힘들고 지치면 아이 교육에 집중하지 못하게 될 수도 있으니 잠깐씩이라도 쉬라고 조언하지만, 아침에 눈을 뜨면서부터 아이와 함께 놀 생각만 하면 마음이 설레 그럴 수가 없다고 말한다.

우리 부부도 그랬다. 아이의 성장 발달 과정을 모를 때는 모든 것이 힘들었다. 만약 아이를 의무감으로 키운다면 그것만큼 짜증스럽고 지치는 일도 또 없을 것이다.

그러나 새로운 환경이 주어질 때 즉각적으로 나타나는 푸름이의 반응을 관찰하고, 하루만 지나도 푸름이의 성장에 변화가 생긴다는 걸 알고 나서는 모든 것이 달라졌다. 하루하루 삶이 너무나 즐거워졌다.

우리 아이 내면의 힘을 키우는 '행복한 책읽기'

아이와 놀고 싶은 마음이 커졌고, 열심히 공부해서 푸름이의 성장 발달에 좀 더 걸맞는 환경을 만들어주고 싶다는 마음뿐이었다.

교육은 아이 내면의 힘을 끌어내는 것이다

결국에는 우리 부부도 변하게 되었다. 아이를 키운다는 건 부모의 성장을 전제로 하는 것임을 비로소 깨닫게 된 것이다. 우리가 푸름이를 키우면서 느꼈던 그 즐거움들을 이제 점점 더 많은 부모들이 느끼게 되었다는 사실만으로도 우리는 뿌듯함을 느낀다.

부모의 그 열정, 그 의욕이 분명 아이를 성장시킨다. 하지만 그 열정이 아이를 압박하는 수단이 되어서는 안 된다. 살짝 끌어당겨 아이가 따라오면 그때 부모가 아이의 능력이 최고에 도달할 때까지 지지해 주면 된다. 반면 살짝 당겼을 때 저항이 느껴진다면 그때는 미련 없이 멈춰야 한다. 억지로 끌고가면 아이는 배움의 즐거움을 깨달을 수 없기 때문이다.

부모는 일방적인 교사가 되어서는 안 된다. 이것저것 지적하고 가르쳐주는 사람이 아니라 변화를 위한 중계자에 머물러야 한다. 교육은 아이에게 무언가를 넣어주는 것이 아니라 아이 내면의 힘을 키워 끌어내는 것이다. 따라서 이것저것 자꾸 가르칠 게 아니라 아이 내면의 힘이 자연스럽게 커나갈 수 있도록 환경을 만들어주어야 한다.

Q 책을 통해 아이를 잘 키우고 싶어요

임신, 출산. 육아의 과정을 겪으며 아이가 크는 만큼 엄마도 큰다는 것을 새삼 깨닫고 있어요. 또한 일생에 아이 키우는 것만큼 고귀하고 소중한 경험은 없다는 것을 느끼고 있답니다. 늘 시행착오를 거치면서 지혜롭고 슬기로운 엄마가 되어야겠다고 다짐하고 있어요. 돈이 없으면 아이를 잘 키우기 힘든 것이 현실이지만 적은 돈으로도 잘 키우는 부모들을 존경하며, 책으로 지성과 감성이 조화로운 아이로 키우고 싶습니다.

A 아이는 돈으로 키우는 것이 아닙니다. 부모의 사랑만이 아이를 키우지요.

누구나 자식을 사랑하지만 그 방법은 아이의 발달 단계에 맞아야 하고 표현되어야 합니다.

아이를 훌륭하게 키워내는 부모들 사이에는 공통점이 있답니다. 서두르지 않고, 발달에 따라 아이 내부에 숨어 있는 재능을 이끌어 내지요. 자연스런 환경을 조성하여 아이 스스로 재능을 성장시킬 수 있는 기회를 주는 것입니다. 또한 아이를 다른 사람이나 기관에 무조건 맡기지 않습니다. 분명한 철학 하에 맡겨야 할 시기가 되면 적절한 자극을 주면서 맡기지요. 아무리 좋은 것이라도 아이에게 적합한지를 신중하게 생각합니다. 남의 생각을 무조건 배척하거나 수용하지 않고, 마음을 열고 옳은 생각이라면 받아들이고 실천하지요.

부모의 따뜻한 사랑과 배려는 아이를 성장시킵니다. 눈을 뜨고 아이의 변화를 관찰하고 칭찬해주면, 아이는 성장으로써 부모에게 즐거움을 줄 것입니다.

부모의 내적불행이
육아를 힘들게 한다

푸름이교육법을 널리 알리기 시작한 지도 20년이 넘었다. 수많은 강연을 하는 동안 귀 위의 검은 머리카락이 어느덧 흰 머리카락으로 변해 갔다.

처음 푸름이교육법을 세상에 알릴 때는 어떻게 책을 좋아하는 아이로 키울 수 있느냐가 주된 관심사였다. 어떤 아이들은 초등학교도 들어가기 전에 수천 권의 책을 읽었고, 어떤 아이들은 도중에 책읽기가 중단되었다.

아이의 책읽기가 계속되기 위해서는 안정된 정서가 우선이어야 한다는 사실을 오랜 경험을 통해 알게 되었다. 정서가 안정되지 못하면 지성의 발목을 붙잡게 되므로, 아이의 책읽기가 어느 정도는 나아갈지라도 깊은 몰입의 단계로 나아갈 수 없다.

아이의 정서를 안정시켜 줄 수 있는 방법은 바로 아이를 있는 그대로 배려 깊게 사랑해 주는 것이다.

배려 깊은 사랑으로 아이들을 키워야 한다고 강연하면서 부모들에게 배려 깊은 사랑을 근본적으로 막는 그 무엇인가가 있음을 막연하게나마 알게 되었다. 밤늦도록 책을 읽어주는 것보다 아이를 있는 그대로 사랑해 주는 게 훨씬 어려운 부모들이 너무나 많았기 때문이다.

막연한 그 무엇의 정체는 '우리 부모가 하는 모든 행동은 바로 나 자신을 위한 것'이라는 어린 시절 낙관주의에 기초한 '내적불행'이었다. 그 때문에 결국 불행을 행복으로 잘못 알고, 이러한 불행을 내 아이에게 자신도 모르게 반복하고 있었던 것이다.

내적불행은 적어도 5대 조상으로부터 증폭되어 후손에게 전달된다. 일제시대와 전쟁의 역사를 거치는 동안 한 많은 민족이라 불릴 정도로 축적된 민족의 내적불행이 현재의 우리를 지배하고, 무의식 속에서 우리 아이들을 있는 그대로 사랑하지 못하게 막고 있다. 교육은 개인의 차원을 넘어 우리 모두의 공동체적인 문제인 것이다.

내적불행의 치유는 단 한 사람에게서라도 조건 없는 사랑을 받을 때 비로소 일어난다. 자신이 무엇을 잘하지 않아도 그저 있는 그대로 사랑받을 수 있으며, 이 세상에 유일무이한 독특하고 자유로운 존재임을 깨닫게 되면서 치유는 급속도로 이루어지는 것이다.

푸름이교육법이 알려지면서 몇 가지 사실이 분명해졌다. 먼저 아이들은 태어날 때부터 책을 좋아하며, 백과사전을 호기심 있게 보고, 어릴 때부터 많은 양의 책을 읽을 수 있다는 것이다. 처음 이웃집을 방문했을 때 집안 곳곳이 책으로 가득하다면 분명 푸름이교육법을 실천하는 집이다. 푸름이교육법을 잘 모르는 사람이 그런 집을 방문하면, 아이를 달달 볶으며 잡아서 키우는 집으로 오해하기 쉽다.

그러나 부모의 욕심만으로 아이에게 그 많은 책을 읽힐 수 있을까? 책에 열광하는 아이의 눈빛을 따라오다 보니, 자신도 모르는 사이에 그렇게 책이 쌓인 것이다.

이전에는 초등학교에 들어갈 무렵에야 글을 읽히는 것이 정설이었고, 어릴 때 글을 가르치면 창의력이 사라진다는 외국의 교육 이론이 우리를 지배해 왔다. 그러나 지금은 한글이 우리의 경쟁력이며 어릴수록 배우기가 쉽고, 재미있게 글을 배운 아이들의 창의력은 오히려 증가한다는 것이 검증되고 있다.

중국 연변의 푸름이 가정교육관(도서관)에서 일어나고 있는 우리말과 글에 대한 사랑은 결국 중국어와 영어로 확장될 것이다. 이것은 결국 세계를 이끌어갈 한국인으로 우리 아이들을 키울 수 있다는 증거를 보여준다.

또한 어릴 때 영어동화책을 읽어주면 자유롭게 영어를 구사하는 아이로 자랄 수 있다는 가능성도 수많은 아이들의 사례를 통해 뒷받침되고 있다. 영어동화책을 통한 조기 영어 교육의 효과는 분명하다.

책을 좋아하는 아이들이 지성뿐만 아니라 감성을 함께 키워가며, 고학년으로 올라갈수록 학교 공부도 잘하는 사례들이 나오고 있다. 전주에 가면 푸름이닷컴 초창기 회원이 있다. 초등학교 때 학교 공부는 안 하고 늘 책만 읽는다고 걱정하며 나에게 상담을 해오던 회원이다. 고등학교 2학년만 되면 그 아이를 따라갈 아이들이 많지 않을 거라고 조언을 해주었는데, 얼마 전 그 아이가 수능에서 전국 15등을 해서 의과대학에 갔다며 감사하다는 전화를 받았다.

처음에는 한 사람만 그렇게 생각하다 점차 여러 사람이 같은 생각을 하게 되면 교육의 패러다임은 바뀌게 된다. 내적불행을 우리 세대에서 끝내고, 교육은 뭔가를 쓸어 넣는 게 아니라 우리 아이들의 위대한 내면의 힘을 끌어내는 것이고, 이를 통해 아이가 행복해질 뿐만 아니라 안정된 정서 속에서 최고의 성취를 이뤄낼 수 있다는 나의 생각은 이제 점점 더 확고해져 가고 있다.

Q 아이가 화가 나면 부르르 떨면서 참아요

우리 아이는 만 42개월이에요. 39개월에 여동생이 태어났는데 두 달 동안 봐주는 누나가 있어서 잘 지냈어요. 그런데 한 달 전부터는 봐주는 사람이 없어지면서 엄마가 동생이랑 있는 것이 싫고 자기하고만 놀면 좋겠다고 합니다.

그리고 가끔씩 어린 동생을 괜히 쥐어박고는 해요. 그럴 때나 다른 잘못한 일로 지적을 하면 부들부들 떨면서 눈물을 흘리며 어쩔 줄을 몰라 합니다.

아이가 잘못했을 때, 우리 부부는 최대한 야단을 치지 않고 아이가 잘못한 것만 객관적으로 지적해요. 그런데 그것도 예민하게 알아채고는 혼자 숨어서 "아무도 날 좋아하지 않아."라고 말하곤 합니다. 가끔씩 이렇게 아이가 부르르 떨면서 참을 때는 정말 제가 어찌해야 할지 모르겠어요.

저도 어릴 때 화를 표현하지 못하는 환경에서 자라나 화를 잘 다스리지 못하고 화가 날 때 부르르 떨기도 합니다. 우리 아이가 그럴 때는 어떻게 해주어야 할지 정말 궁금해요.

A 아이는 엄마의 분노를 느끼고 있습니다. 아무리 엄마가 부드럽게 아이를 대해도 아이는 엄마의 분노를 느낄 수밖에 없지요.

아이에게는 두 마음이 공존하고 있습니다. 엄마에게 사랑받고 싶어 화를 참는 마음과 자신의 사랑을 빼앗아 간 동생을 미워하는 마음 두 가지이지요. 아이가 부르르 떨면서 화를 참는 것은, 화가 나서 겉으로 표출되는 상황과 화를 내면 엄마에게 사랑받지 못한다는 생각에 화를 억압하는 상황과의 투쟁 과정에 있는 것입니다. 그러면서 자신의 화를 안으로 억누르고 있는 것이지요. 어떻게 보면 거짓의 가면으로 본심을 가리는 과정을 자기도 모르게 답습하고 있는 중입니다.

만일 엄마 내면에 있는 분노를 풀어내어 아이의 화를 받아주고 진심으로 공감해 주면 아이는 화를 참지 않습니다. 정당한 화를 내고 곧 평온한 상태로 돌아오지요. 그러나 엄마 내면에 있는 분노를 풀어내지 못하면 아이가 화를 낼 때 엄마 역시 어쩔 줄 모르고 화를 외면하거나 억압하게 됩니다.

문제는 아이가 아니라 어린 시절로부터 비롯된 엄마 내면의 억압된 분노입니다. 엄마의 억압된 분노가 몸 밖으로 배출되어야 엄마의 사랑과 공감에 분노가 섞이지 않습니다. 아이를 속일 수는 없답니다.

66

부모 교육 강의를 해오면서 나는 독서 교육에 대한 확신을 갖게 되었고, 그 확신을 토대로 책읽기가 아이의 인생 전반에 얼마나 중요한 영향을 끼치는지 알게 되었다. 내가 이야기하는 책읽기란 책의 바다에 아이를 풍덩 빠뜨려 스스로 책 속에 존재하는 방대한 지식과 정보를 흡수하는 능력을 갖게 하는 것이다. 즉 책을 통해 내면의 힘이 강한 아이로 키우자는 것이다. 이번 장에서는 책읽기를 가능하게 하기 위해 부모들이 꼭 알아야 할 정보들을 기술할 것이다.

99

서두르지 말고
차근차근!
몰입독서 실천법

'배려 깊은 사랑',
모든 교육의 뿌리가 된다

한 엄마가 상담 게시판에 이런 글을 남긴 적이 있다. 여섯 살 된 아들이 아빠를 무척 좋아해 함께 놀고 싶어 하는데, 아빠는 항상 집에 들어오기가 무섭게 소파를 차지하고 누워서는 텔레비전만 본다는 것이다. 아이가 아빠에게 같이 놀자고 하거나 말을 시키면 아빠는 저리 가서 놀라며 아이의 요구를 번번이 거절하곤 했단다. 이런 일이 반복되다 보니 아이 마음속에는 아빠를 사랑하면서도 미워하는 상반된 감정이 함께하는 상태라고 했다.

이런 상황은 많은 가정에서 겪고 있는 문제일 것이다. 아이의 아빠는 아마도 어릴 때 부모로부터 적절한 사랑 표현을 받지 못했을 것이다. 아무리 힘들어도 부모가 아이에게 사랑을 표현해 주었더라면 아이의 아빠는 아이에게 그런 반응은 보이지 않았을 것이다.

얼마 후 올라온 아이 아빠의 글을 읽고 나서 나는 한동안 마음이 아
팠다.

'우리 아이가 저 때문에 입었을 상처를 생각하면 가슴이 너무 아파서 스스
로를 용서할 수가 없습니다. 아빠가 무척 사랑하고 아끼고 있다는 걸 하루
빨리 아이가 느낄 수 있도록 해주고 싶습니다.'

아이를 너무나 사랑하면서도 표현하지 못해 상처를 준다면 이보다
더 가슴 아픈 일은 없을 것이다. 교육은 순간순간 의사 결정의 연속이
다. 때로는 아이가 잘못했을 때 따끔하게 혼내고 처벌해서 아이의 행
동을 고쳐야 할지, 아니면 아이가 스스로 잘못을 반성하고 바른 길로

서두르지 말고 차근차근! 몰입독서 실천법

나아가도록 체벌 대신 배려 깊은 사랑으로 가르쳐야 할지 결정해야 하는 순간이 오기도 한다.

사랑으로 키운 아이는 자신에게 정직하고 책임감이 강하다

때려서 키우는 것은 두려움에 기초한 교육 방법이다. 체벌한다면 아이는 벌받는 게 두려워서, 또는 부모로부터 버림받는 게 두려워서 부모의 말을 듣게 된다. 이렇게 두려움에 기초한 자녀 교육은 부모가 없애고자 하는 문제 행동을 강화시킬 뿐만 아니라 모든 일에 아이에게 무력감을 심어주게 된다.

그러나 배려 깊은 사랑으로 키우면 아이는 현실을 있는 그대로 받아들임으로써 책임 있는 행동을 할 뿐만 아니라 모든 일에 자신을 정직하게 표현하게 된다.

물론 상과 벌을 엄격히 적용해야 한다고 흔히들 말한다. 그렇지만 단순히 상과 벌로 아이를 성장시킬 수 있을지는 곰곰이 생각해 봐야 한다. 수영을 할 줄 모르는 아이에게 사탕을 사준다며 회유하거나 혼낼 거라고 아무리 위협해도 물 속에서 헤엄쳐 나올 순 없다. 수영하는 법을 모르는데 어떻게 나올 수 있겠는가? 먼저 부모가 아이에게 수영하는 법을 가르쳐야 한다. 그리고 그 근본에는 부모의 배려 깊은 사랑이 깔려 있어야 한다.

푸름아빠의 책읽기 어드바이스

Q 놀 때도 책을 볼 때도 제 마음대로 했어요

우리 아이는 64개월입니다. 아이가 한글을 떼기 이전에는 책꽂이에서 책을 빼는 모습만 보여도 달려가서 다 읽어주었어요. 놀 때도 제 생각대로 했고요. 그리고 아이를 있는 그대로 바라보지 못했어요. 두 돌도 안 된 아이가 호기심에 뭔가를 엎으면 바로 매를 들었지요. 결국 제 간섭 때문에 아이는 혼자 놀 때도 "뭐 하지? 뭐 해야 되는 거야?"라는 말을 해요. 또한 뭘 하게 되면 "못하겠어, 난 못해!"라는 말을 많이 합니다. 아이는 혼자서 책도 읽지 않아요. 글을 읽으면서도 스스로 책을 펴거나 책장을 넘기지 않습니다. 어떻게 해야 할까요?

A

교육은 배려 깊은 사랑에서 시작되어 아이의 자발성으로 끝을 맺습니다. 엄마가 항상 먼저 나아가 아이의 자발성을 이끌어내지 못한 전형적인 사례를 보는 것 같습니다. 엄마가 교육을 먼저 해주어야 한다는 생각을 버리세요. 작고 사소한 것이라도 아이가 선택할 수 있게 해주세요. 앞으로는 아이가 혼자서 자유롭게 할 수 있도록 엄마가 뒤에서 지켜봐 주시기 바랍니다. 또한 엄마가 어릴 때 외로웠다면 엄마의 의식에서는 아이가 혼자 하기를 바라지만 무의식에서는 아이가 혼자서 무엇을 하면 엄마로서의 가치가 사라지고 자신의 무능함이 드러날까 봐 아이가 요청하기 전에 엄마가 먼저 도와주려 하지요. 그러면 아이는 엄마의 속마음을 읽고 무엇이든 엄마에게 해달라고 합니다. "난 못해."라는 말은 아이가 엄마의 외로움을 위로하는 것입니다. 엄마의 어릴 적 외로움과 대면하세요.

'권위주의적'인 부모가 아니라
'권위 있는' 부모가 되어라

세계적인 교육학자 바움린드는 아이의 반응에 대한 관심과 통제 정도에 따라 부모의 양육 태도를 구분했다. 그중 가장 문제가 되는 양육 태도 중 하나가 바로 권위주의적인 부모다.

권위주의적인 부모는 한마디로 억압하는 부모다. 아이에게 이래라 저래라 지시를 잘하고 행동을 지나치게 통제하면서도 정작 아이들이 보이는 반응에는 무관심하다. 부모 본인의 의사만 내세워 아이들을 자신의 기준에 가두려고 하기 때문이다. 이런 유형의 부모 밑에서 자란 아이들은 수동적인 사람이 되거나 반항적인 사람으로 자라게 된다.

예컨대 아이가 밤늦도록 책을 읽어달라고 요구할 때, '밤에 늦게 자면 성장 호르몬이 분비되지 않아서 키가 크지 않는다.'고 생각하는 부모는 아이를 억지로 재운다. 그러나 성장 호르몬은 잠든 후 두 시간

뒤에 나오는 것이지, 밤 12시에 나오는 것이 아니다. 이 시기에 아이의 요구가 좌절되면 책읽는 습관을 들이기 어렵다.

인간은 하나의 능력 요인이 발달하면 그것이 또 다른 요인을 끌고 가게 되어 있다. 그래서 책을 읽어주면서 읽기를 가르치면 쓰기와 같은 다른 능력이 함께 발달하는 것이다. 정신적 역량뿐 아니라 신체적 성장 발달에도 영향을 미치는 이러한 현상을 문화인류학에서는 '따라잡기 현상'이라고 한다. 어릴 때 밤늦도록 책을 읽었더라도 신체적 성장이 빠른 아이들은 얼마든지 있다. 오히려 마음껏 책을 읽고 푹 잘 때 성장 호르몬도 더 잘 분비된다.

아이를 지나치게 권위주의적으로 키우는 것도 문제지만, 아이가 원하기 전에 부모가 모든 걸 해주는 자유방임형 부모 또한 큰 문제가 아닐 수 없다. 방임으로 키운 아이는 책임감도 없고 자기 본위로만 행동한다. 지하철이나 버스 안 같은 공공장소, 심지어 도서관에서조차 이리저리 뛰어다니는 아이를 보며 말리기는커녕 아이 기 죽는다고 경계를 주지 않는 부모들이 간혹 있다. 이것은 분명히 잘못된 양육 태도다. 아이에게 사회를 살아가는 규칙과 예의범절을 가르치지 않으면 훗날 사회 구성원으로서의 역할과 책임을 다할 수 없다.

대개 권위주의적인 부모 밑에서 성장한 아이가 결혼을 해서 부모가 되면 자녀를 방임으로 키우게 된다. 자신이 몹시 싫어하던 것을 자녀에게 주고 싶지 않다는 일종의 보상 심리가 작용하는 것이다. 또한 교육에 대한 철학을 갖지 못한 부모들에게서도 이러한 현상이 나타나곤 하는데, 중요한 건 방임하는 태도는 권위주의적인 태도보다 그 결과가 훨씬 더 나쁘다는 것이다.

애정과 관심이 깊은 만큼 통제 또한 많은 '권위 있는' 부모

권위 있는 부모는 아이들의 반응에 높은 관심을 보이면서도 요구하는 통제 또한 높다. 권위 있는 부모를 권위주의적인 부모와 혼동해서는 안 된다. 권위 있는 부모는 권위주의적인 부모처럼 무작정 아이를 통제하는 것이 아니다. 아이들이 이해할 수준에서 행동을 통제하고, 아이들이 보이는 반응에도 많은 관심을 가지고 응답해 준다.

예컨대 전철에서 아이가 정신없이 뛰어다닐 경우 권위주의적인 부모라면 다짜고짜 아이를 야단부터 칠 것이다. 반면 권위 있는 부모는

	낮은 애정과 관심	높은 애정과 관심
높은 통제	**권위적인 부모** 자녀의 생각에 관심이 없고 무조건 통제하며 강제로 순종할 것을 요구한다. 우울하고 상대적으로 목표의식이 약한 아이로 자란다.	**권위 있는 부모** 자녀의 의견을 존중하고 합리적인 수준에서 자녀의 행동을 통제한다. 자존감이 높고 발랄하며 책임감 있는 아이로 자란다.
낮은 통제	**무관심형 부모** 부모가 자신의 스트레스에 압도되어 자녀에게 관심이 없다. 목표의식이 없고 반사회적이며 적개심 많은 아이로 자란다.	**자유방임형 부모** 자녀의 어떤 행동도 통제하지 않고 허용적이다. 자기 중심적이고, 통제력이 약하며, 성취 수준이 낮은 아이로 자란다.

아이를 데리고 내려서 아이의 흥분을 가라앉히고 부모가 모델이 되어 전철에서 뛰어다니는 것은 옳지 않은 행동임을 일깨워준다.

아이들은 부모와 애착 관계를 맺으며 상호 교류하고, 규칙을 지키며, 이에 대한 보상을 받는 과정에서 올바른 사회성을 습득하게 된다. 부모가 권위 있는 양육 태도를 보이면 아이들은 적극적이고 원만한 대인관계를 갖는 사람으로 성장한다.

이 외에도 부모가 자녀를 거부하고 자녀에게 어떤 에너지도 투자하지 않는 무관심형 부모가 있다. 아이를 방치하는 것인데, 이런 부모 밑에서 자라면 아이는 자신의 욕구와 감정을 비추어주는 사람이 없어서 자신이 누구인지 잘 모르게 된다. 또한 다른 사람의 경계를 넘어가면서도 넘어가는지 모른다. 무관심형 부모는 아이의 욕구와 감정에 따라 소신껏 교육하지 못하고 다른 사람의 말에 좌우되어 이랬다저랬다 한다. 한마디로 팔랑귀가 되어 교육할 때도 이 교육을 따라 했다가 저 교육을 따라 하면서 아이를 혼란스럽게 한다.

서두르지 말고 차근차근 몰입독서 실천법

Q 아이가 책을 안 보면 자꾸 화가 나요

6살 우리 아이는 놀기만 좋아해요. 그림 그리고 특히 동생이랑 치고받고 몸으로 노는 걸 좋아합니다. 뒤늦게 전집을 사주면서 책읽기를 유도해 보고 있지만 저의 불같은 성격에 참지 못하고 책을 안 읽는다고 화를 내게 됩니다. 책읽기를 어떻게 유도해야 할까요? 밤에는 자기 싫어서 책을 읽어달라고 하는데……. 낮에는 놀게 하고 밤에만 읽게 해도 될까요? 동생이랑 치고받고 노는 게 잠깐일까요? 계획표라도 짜야 할까요? 답답합니다.

A

아이가 신나게 놀면 그냥 편하게 놀게 하세요. 밤에 잠자기 싫어서 책을 읽는 것이 아닙니다. 밤에는 차분해지므로 책을 읽는 아이의 리듬과 맞지요. 아이의 신호와 리듬에 맞춰 읽어주면 아이는 책을 좋아하는 아이로 자랍니다. 심하게 치고받고 싸울 때는 엄마가 경계를 그어주고 교통 신호기 역할을 해야 합니다. 하지만 아이들 스스로 해결할 정도로 싸운다면 놀면서 서로 조율하고 타협하는 것을 배운답니다. 아이들이 과격해지지 않게 하려면 평소에 엄마가 큰 아이와 작은 아이 모두에게 있는 그대로의 사랑을 주세요. 그러면 아이들도 서로 사랑을 나누며 놀 테니 걱정하지 마세요. 계획표를 짜는 것도 좋으나 아이를 계획표대로 맞추면 아이가 자발성을 잃게 될 수도 있습니다. 반면 강요하지 않고 아이도 그 리듬에 맞게 즐겁게 한다면 계획표도 도움이 되지요. 그리고 책을 안 본다고 엄마가 화를 내면 아이도 똑같이 화를 내고 감정이 혼란스러워져 책에 집중할 수 없습니다. 아이가 책은 두렵고 재미없는 것이라고 생각할 수 있습니다.

책을 잘 읽는 아이는
학년이 올라갈수록 성적도 오른다

학습이 외부에서만 주어지면 스스로 배우는 내면의 힘은 약해지게 마련이다. 어릴 때부터 학원에 많이 다닌 아이일수록 고학년이 되면 성적이 떨어진다는 교육개발원의 연구 결과만 봐도 알 수 있듯이 초등학생 때까지는 부모의 극성만으로도 1등을 할 수 있다. 그러나 학년이 높아지면서 점차 추상적 사고와 고차원적 문제해결 능력을 요하는 교육 과정을 접하게 되면, 시키는 대로만 하는 데 익숙해진 아이들은 점차 성적이 떨어진다. 또한 고등학생 정도가 되면 어린 시절부터 꾸준히 책을 읽어온 아이를 도저히 따라갈 수 없게 된다.

책을 읽어온 힘이 학교 공부로 연결되려면 중학생, 고등학생은 돼야 하지만, 부모의 강요에 못 이겨 학원을 전전하며 억지로 공부해 온 아이들은 그때쯤이면 이미 지쳐버려 공부에 흥미를 잃고 만다.

'책'이 배움을 좋아하는 아이로 만든다

　내면의 힘을 기르는 데 책읽기만큼 좋은 방법은 없다. 아주 어릴 때부터 부모가 재미있게 책을 읽어주면 아이는 책읽기 자체를 즐거워하게 된다. 자기가 좋아서 하는 것이므로 지치는 법이 없다. 책을 읽으면서 새로운 지식과 어휘를 흡수하고, 이것이 다시 새로운 지식을 받아들이는 기초로 작용해 더욱 빠르게 지식을 흡수하게 된다.

　이는 마치 눈덩이가 굴러가는 것과 같다. 처음에는 아주 작지만, 구

를 때마다 조금씩 커져서 나중에는 처음 크기와 비교할 수 없을 만큼 커져버린 눈덩이처럼 아이는 무엇이든 빠르게 흡수한다. 이를 마태 효과라 한다. '가난한 자는 더 가난해질 것이고, 부유한 자는 더 부유해질 것이다.'라는 성경의 마태복음에서 나온 말이다.

푸름이는 학원에 다닌 적이 없다. 학원은커녕 초등학생 때는 집에서 숙제하는 모습조차 본 적이 없다. 선생님께서 숙제 안 내주셨냐고 물으면 학교에서 다 하고 왔다고 대답하곤 했다. 물론 시험공부도 하지 않았다. "요즘 초등학교는 시험을 안 보나 보지?" 하고 물으면 "오늘 봐요."라고 대답하는 식이었다.

우리 부부는 성적에 그리 연연하지 않았지만 그래도 내심 믿는 구석이 있긴 했다. 푸름이만큼 공부를 좋아하고 또 열심인 아이도 별로 없다고 생각한다. 푸름이는 초등학생 때도 새벽까지 책을 읽고는 했다. 수험생도 새벽 4시까지 공부하기는 쉽지 않을 것이다. 하물며 어린아이 아닌가! 물론 누가 시켜서 한 일이 아니다. 여전히 푸름이는 책을 사랑하고, 꾸준히 쌓아온 내면의 힘을 유감없이 발휘하며, 스스로 세운 목표를 이루기 위해 학업에 열중하고 있다. 대학원을 졸업할 때는 일주일에 한 편씩 두 편의 논문을 이 주일 만에 썼다.

우리 부부는 푸름이 걱정은 크게 하지 않았다. 배우고자 하는 푸름이의 강한 내면의 힘을 믿었기 때문이다.

서두르지 말고 차근차근! 몰입독서 실천법

푸름아빠의 책읽기 어드바이스

Q 책은 많이 읽는데 학습적으로 부진해요

우리 아이는 30개월 된 여자아이로 책을 무척 좋아합니다. 3~4시간 동안 엄마랑 책을 보고 나머지 시간엔 혼자서 책을 펴들고 놀이처럼 보고 있어요. 지금까지 읽은 책은 1,300여 권이 되고, 창작은 물론 과학, 백과사전까지 잘 보고 있답니다. 그런데 한글을 비롯한 숫자, 알파벳 등 학습적인 것에는 완전히 꽝이에요. 주변 사물 인지는 빠르고 상황 이해력도 좋은 편인데 왜 그런지 모르겠습니다.

책읽기를 꾸준히 진행하면 자연스럽게 좋아질까요? 아니면 다른 학습적인 자극을 주어야 할까요? 아직 어휘력이 좋은 것 말고는 책읽기의 위력을 잘 모르겠어요.

A 엄마가 학습과 책읽기를 구별해서 생각하시는군요. 아이가 한글, 숫자, 알파벳 같은 것을 잘 익히는 것은 엄마의 요령에 달려 있습니다. 엄마가 학습을 할 때 학습이라 생각하고 진행하기 때문에 섬세한 아이가 그것을 받아들여 거부하는 것이지요. 학습을 놀이로 진행해 보세요. 아이는 책을 읽는 것처럼 무척 재미있게 놀면서 어느 사이 배울 것은 다 배울 것입니다.

태어나면서 학습에 부진한 아이는 결코 없다고 생각합니다. 다만 재미없게 가르치는 엄마만 있을 뿐이지요. 놀면서 자연스럽게 학습이 주어지는 상황을 만들려면 엄마가 무척 창의적이어야 합니다. 또한 분명하게 어떻게 가르칠 것인가에 대한 생각이 있어야 하고요. 아이가 그 정도 책을 좋아하면 학습에 대한 모든 기초는 만들어져 있습니다. 책을 읽는 것은 큰 우물을 파는 것이고, 학습에만 치중하는 것은 작은 우물을 파는 것입니다. 이런 점에 고려해서 놀이처럼 가르치시기 바랍니다.

부모가 잔소리하고 참견할수록
아이는 자존감이나 독립심과 멀어진다

아이의 내부에서 용솟음치는 자발성을 살려 재능을 키우고 싶다면 '가르치겠다'는 의식을 가져서는 안 된다. 부모가 할 일은 아이가 좋아하는 것을 잘 살펴서 그에 맞는 환경을 만들어주면 되는 것이다.

부모가 이것저것 지적하고, 공부할 양을 부과하며, 이렇게 해라 저렇게 해라 하면서 일일이 참견하면, 아이는 부모를 필요 이상 참견하는 침입자로 인식하게 된다. 그리고 이것이 지나치면 부모에게 혐오감을 갖게 되기도 한다. 부모는 변화의 중계자 역할을 해야 한다. 그러려면 부모가 먼저 아이에게 모범을 보이면서 거리를 두고 지켜보다가 이따금씩 충고를 해주는 정도에서 그쳐야 한다.

서두르지 말고 차근차근! 몰입독서 실천법

강연을 하다 보니 아주 재미있는 현상을 발견하게 되었다. 다른 곳에 비해 교육 관련 회사를 다니는 어머니들이 자녀를 좋은 대학에 보내는 경우가 많은 것이다.

"우리 아이가 이번에 서울대에 들어갔지 뭐예요.", "사관학교에서 수석을 했는데, 생도들이 뽑은 인기투표에서도 1위를 했대요.", "고시에 두 개나 붙었어요.", "외국 명문 대학에서 전액 장학금을 받고 공부하고 있어요." 등의 이야기를 들을 때마다 어쩌면 그렇게 한결같이 자녀를 잘 키웠는지 궁금했다.

오래 지나지 않아 그 의문이 풀렸는데, 그것은 바로 어머니들의 직업 덕분이었다. 교육 관련 회사는 업무상 책을 보지 않을 수가 없다. 아주 어릴 때부터 아이들은 엄마가 항상 책을 가까이하는 모습을 지켜보며 성장한 셈이다. 아이들은 부모를 모방하려는 성향이 무척 강한데, 그러다 보니 자연스럽게 책을 좋아하는 사람으로 성장한 것이다. 이처럼 부모는 건강한 역할 모델만 해줘도 효과가 충분하다.

가끔 지방에서 강연을 하면 3박 4일 정도 집을 비우곤 했다. 푸름 엄마 또한 강연 요청이 많아 아이들이 어릴 때부터 둘 다 집을 비워야 할 때도 많았다.

"푸름아! 네가 밥 좀 해서 초록이랑 먹어야겠다."

"알았어요, 엄마!"

엄마 아빠가 집에 들어오지 못하는 날이면 푸름이는 한껏 기대에 차올랐다. 아무런 간섭도 받지 않고 마음껏 요리를 해볼 수 있기 때문이었다. 가끔 푸름엄마가 반찬을 만들어 냉장고에 넣어 두며 이렇게 저렇게 챙겨먹으라고 했는데, 그때마다 푸름이의 얼굴에는 실망의 빛이 역력했다.

"엄마, 나는 만들어놓은 반찬보단 안 만들어놓은 반찬에 관심이 있거든요. 반찬을 만드는 게 재미있으니까 앞으로는 만들어놓지 마세요. 재료만 있으면 된다고요. 밥도 반찬도 만들어놓지 말고 그냥 내 전용

좀 지켜보자고!
지금 우리 아이들은
문제해결 능력과
창의력을 키우는 중이니까.

서두르지 말고 차근차근! 몰입독서 실천법

프라이팬이나 하나 사주셔요."

강연을 마치고 돌아오면 집안은 난장판으로 어질러져 발 디딜 틈조차 없었다. 그럼에도 우리 부부가 웃으며 집안을 정리할 수 있었던 것은 그런 과정을 통해 아이가 독립심을 키워가고 있음을 알았기 때문이다. 푸름이는 초등학교 1학년에 다닐 때부터 요리를 했다. 일본 유학 시절에도 스스로 요리를 해먹었다. 그런 시간이 오래되다 보니 이제 푸름이는 어떤 요리도 척척 만들어 낼 정도로 능숙해졌고, 요리 맛도 최고다. 수준급 요리사의 경지에 이르렀다.

Q 책읽기는 멀리하고 노는 데만 관심이 많아요

요즘 36개월 된 우리 아들, 딸 쌍둥이들이 책하고 멀어진 것 같아요. 둘이 뭐가 그리 재밌는지 잡동사니를 가지고 하루 종일 놀기만 합니다. 처음엔 '그래, 노는 것도 배우는 거니까.' 하며 맘을 다스렸지만, 지금은 슬슬 조바심이 나네요.

쌍둥이라도 딸과 아들이라 그런지 차이가 납니다. 놀이 미술수업 같은 것은 딸아이는 흥미 있어 하지만 아들은 그렇지 못해요. 책을 읽어줄 때는 아들은 집중해서 잘 듣지만 딸아이는 딴짓만 하고요. 딸아이의 읽기 수준이 아들보다는 낮은 것 같아요.

책읽기는 점점 기피하고 자꾸 놀려고만 하는 아이들을 어떻게 하면 좋을지, 그리고 읽기 수준이 다른 아이들에게 어떻게 책을 읽혀줘야 할지 궁금합니다. 저도 아이들에게 모범을 보이려고 꾸준히 책 읽는 모습을 보여주긴 하거든요. 그런데 잘 안 따라와 주네요.

A 먼저 엄마의 생각을 분명하게 정리하셔야 할 것 같네요. 교육은 아이가 가지고 있는 내면의 힘을 이끌어 내는 것이라고 말씀드렸습니다. 아이들이 잡동사니를 가지고 종일 노는 것도 교육입니다. 아이들은 그렇게 놀면서 상상력을 키워가고 새로운 것에 도전하거든요. 잘 노는 아이들이 나중에 공부도 잘 하고, 창의력도 뛰어납니다.

교육은 아이의 흥미에 맞아야 합니다. 아이가 잘하는 것을 더욱 잘할 수 있는 환경을 만들어주세요. 서로 흥미가 다른 아이들에게 같은 것을 시킬 경우에는 흥미를 갖지 못하는 아이는 따라가지를 못합니다. 각각 아이들 수준과 흥미에 따라 교육은 달라야 하지요.

놀이 미술수업처럼 외부에서 하는 교육은 아이와 1 : 1 교육이 되지 않습니다. 아이들 각자의 수준에 맞춰서 교육이 되지 않기 때문에 그런 외부 수업이 아이에게 정말 맞는지 고민하셔야 할 것입니다.

아이가 책을 볼 때 자기 수준보다 높은 책은 절대 오래 보지 못합니다. 따라서 엄마가 어떤 단계의 책을 봐야만 한다고 단정 짓지 말고, 아이가 흥미를 가지는 분야와 단계의 책을 주세요. 많이 안 본다고 걱정하지 마시고 아이가 보는 만큼 보여주시면 됩니다.

그리고 두 아이를 위한 책장을 따로 만들어주어 아이에게 자기 소유의 책들을 주는 것도 바람직합니다. 쌍둥이라도 성향이 다르기 때문에 서로의 성향에 맞춰 책을 주는 것이 필요하지요.

아이가 책을 잘 읽었으면 좋겠다는 엄마의 마음이 감정적인 압력으로 아이에게 가고 있습니다. 너무 책읽기에 연연해하지 말고 아이가 놀 때는 마음껏 놀도록 놔두세요. 그리고 아이가 책을 읽기 원할 때는 또 마음껏 읽을 수 있는 기회를 주시면 됩니다.

아이가 책을 안 읽는다면
부모에게 책임이 있다

아이는 모두 책을 좋아한다. 아이의 행동에 조금만 주의를 기울여 보자. 아이는 온종일 땀을 뻘뻘 흘리며 놀았으면서도, 밤만 되면 책을 읽어달라고 부모를 조른다. 부모들은 "애들이 잠자기 싫으니까 책을 읽어달라고 하네." 라고 해석하면서 아이에게 그만 자라고 소리친다. 책을 읽어주는 건 목도 아플 뿐만 아니라 많은 에너지가 소모되는 힘든 일이기 때문이다.

반면 부모가 '낮에 실컷 뛰어놀아서 녹초가 될 법도 한데, 잠을 안 자면서까지 밤에 또 책을 읽어달라고 하니 대체 책을 얼마나 좋아하는 걸까?'라고 긍정적으로 생각한다고 해보자. 아이가 기특해서라도 기쁜 마음으로 기꺼이 책을 읽어주게 된다.

내 아이가 책을 안 읽는 이유

모든 아이가 책을 좋아하지만, 지금 내 아이가 책을 안 읽는다면 다음의 몇 가지 사항을 점검해 보자.

첫째, 아이가 책을 읽어달라고 하는 시기에 부모가 책읽기를 소홀히 했다.

아이는 책 한 권을 읽어주면 두 권을 읽어 달라고 요구하고, 밤 10시까지 읽어주면 12시까지 읽어 달라면서 점점 책의 양과 시간을 넓히고 늘린다. 이때 부모가 체력적으로 지치거나 일찍 자야 한다는 고정관념 때문에 아이에게 잠자기를 강요하다 보면, 어느 순간 "또 또……읽어줘!" 하는, 책을 읽어달라는 말이 사라지고 다른 활동에 몰입한다.

둘째, 아이의 수준에 맞는 책이 없다.

아이들의 책읽기는 항상 계단처럼 올라간다. 아이가 좋아하는 분야에서 자신의 단계에 맞는 책에 한동안 집중하다가 휴식기를 거친 다음 책읽기가 한 단계 높아지는 것이다. 아이들은 책의 단계가 자기 수준보다 한 단계만 높아도 그 책을 읽으려 하지 않는다. 자기 수준에 맞는 낮은 단계의 책을 충분히 읽어 내면의 힘이 축적되면 자연스럽게 단계가 올라가지만, 부모가 너무 높은 단계의 책만 준다면 다음 단계로 올라가지 못하고 책읽기는 좌절되고 만다.

또한 아이들은 책을 읽는 초기에는 수없이 반복해서 보기 때문에 책을 빌려보는 것보다는 자기 소유로 오랫동안 가지고 있는 것이 좋다. 책을 잘 읽는 아이들은 높은 수준의 책을 보다가도 쉬고 싶으면 이전에 읽던 쉬운 책을 다시 보는데, 찾던 책이 없는 경우가 여러 번 반복되면 책으로 깊이 몰입하지 않는다.

셋째, 부모가 책을 잘 읽었으면 하는 마음을 아이에게 들켰다.

교육열이 강한 대부분의 부모에게서 흔히 나타나는 현상이다. 책을 잘 읽는 아이가 되었으면 하는 마음이 너무 강해 말은 하지 않더라도 눈빛과 침묵으로 책읽기를 강요하다 보면 아이에게 책읽기는 큰 부담으로 다가온다.

아이가 책을 읽지 않고 빈둥거려도 그런 빈둥거리는 시간을 존중해 줘야 한다. 놀고 싶을 때 놀고 읽고 싶을 때 읽는 자유를 만끽하게 해주면, 아이들은 책을 펼칠 때 인류의 위대한 선인들이 말을 걸어온다는 것을 알고 그들과 대화를 나누고 싶어 한다.

넷째, 아이가 정서상 혼란스럽거나 휴식기에 이르렀다.

동생이 태어나거나 부모의 불화 등 집안에 복잡한 일이 있어 부모나 아이의 정서가 혼란스러우면 아이는 일시적인 퇴행을 일으키면서 책읽기를 잠시 중단한다. 그러다가 다시 안정 상태가 되면 책읽기를 시작한다. 바로 이런 까닭에 책읽기보다는 배려 깊은 사랑으로 정서의 안정이 우선되어야 하는 것이다.

정서의 혼란 없이도 아이는 어느 순간 책보다는 그림을 그리거나 블록을 쌓고, 또는 상상놀이가 극대화되는 휴식기에도 책읽기를 멈춘다. 그런데 이런 휴식기는 정상적인 발달의 한 단계이므로 걱정할 필요가 없다. 느긋하게 기다리면서 간간히 책읽기에 발동을 걸어 주면 어느 순간 다시 책에 몰입하게 된다.

아이가 책을 읽지 않는다면 그것은 아이의 책임이 아니라 부모의 책임이다. 부모의 욕심에 의해 책읽기가 학습으로 강요되었는지, 아니면 아이들이 이 학원 저 학원 끌려다니면서 정서적으로 혼란스럽거나 지친 것은 아닌지 먼저 살펴보자.

책읽기가 부모의 배려 깊은 사랑 위에서 자연스럽고 따뜻하게 이루어질 때, 아이의 깊고 그윽한 눈도 경이로움과 기쁨으로 환하게 빛난다. 자식의 행복한 그 눈빛을 본 적이 있다면, 아이가 원하지 않는 교육으로 내몰지 않을 것이다.

Q 아이 스스로 책을 읽게 하는 방법은 없을까요?

48개월 된 여자아이예요, 아이는 제가 먼저 책을 읽어야만 옆에 와서 읽어 달라고 합니다. 책을 싫어할까 봐 먼저 읽으라고 강요는 하지 않아요. 하지만 그러다 혼자서는 영영 안 읽을 것 같아 걱정이에요. 한글도 깨우쳤는데 자발적으로 책을 읽게 하려면 어떻게 해야 하는지 조언 부탁드립니다.

A 엄마가 책 읽는 모습을 보여주는 것도 하나의 모범이고 역할 모델이므로 잘하고 계시네요. 아이가 책을 자발적으로 읽게 하려면 적어도 1년 정도는 엄마가 섬세하게 배려하면서 읽기 독립의 과정을 거쳐야 합니다. 아이가 책을 읽어달라고 요구하면 읽어주세요. 엄마가 책을 읽어주면서 점차 아이와 같이 읽는 것을 즐겨 보세요. "오늘은 엄마가 10줄 중 9줄을 읽을게. 너는 1줄만 읽어 볼래?" 하면서 아이가 스스로 읽도록 읽기에 참여시키세요. 그렇게 점점 늘려가면서 아이를 칭찬해 주면 점점 자신감을 갖게 됩니다.

아주 쉽고 재미있는 책으로 읽기 독립을 하면 1년 후에는 엄마가 읽어주는 것보다 스스로 읽으려고 할 것입니다.

책을 읽을수록 두뇌가 발달하고 사고의 힘이 커진다

인간의 사고는 기본적으로 뉴런이라는 신경세포에 의해 이루어진다. 뉴런은 체내의 정보를 받아들이고, 분석하며, 조정하고, 전달한다. 뉴런은 가운데 핵이 있고 주위로 가지를 치는데, 이 가지는 다른 뉴런에서 나온 가지와 닿을락 말락한 틈을 이룬다. 이 틈을 시냅스라고 한다. 머리의 좋고 나쁨은 시냅스가 얼마나 정교하게 연결되어 있느냐에 달려 있다.

뉴런은 한번 소멸되면 재생산되지 않지만, 뉴런 간의 새로운 연결은 일생에 걸쳐 계속된다. 시냅스가 발달하기 위해서는 지속적이고 반복적인 자극이 필요하다. 이런 시냅스의 연결은 부모의 양육 태도에도 크게 좌우된다.

아이가 태어나서 두 살까지는 시냅스의 수가 무서운 속도로 늘어난다. 성인보다 더 많은 수의 시냅스를 갖게 되는 것이다. 이렇게 아이가 성인보다 더 많은 시냅스를 갖는 이유는 어떤 환경에서도 적응하고 생명을 유지할 수 있도록 하기 위한 자연의 배려다.

책을 많이 보면 두뇌의 신경회로가 발달한다

엄마 품에 안긴 아이는 아무것도 모르는 것 같지만 부모가 사랑스러운 눈빛으로 말을 건네는 순간 아이의 뇌는 '빠지직!' 하면서 새로운 연결고리를 만들어낸다. 발가락을 간질이는 순간에도, 유모차에 태워 마당을 나가는 순간에도 '빠지직! 빠지직!' 하면서 두뇌회로는 점점 더 복잡해져간다.

서두르지 말고 차근차근! 몰입독서 실천법

이 시기에는 발자국 소리, 바람에 흔들리는 나뭇잎 소리 같은 사소한 자극조차도 아이의 두뇌 발달을 촉진할 수 있다. 하지만 자극을 준답시고 텔레비전이나 시끄러운 음악소리 등을 크게 틀어놓는 건 바람직하지 않다. 첫돌까지는 부모가 가만히 미소를 지으며 눈을 맞추는 것과 같은 조용한 자극이 훨씬 중요하다.

유아기 때 부모가 주는 적절한 자극은 두뇌 발달에 결정적인 영향을 미친다. 인간의 뇌는 많이 담을수록 용량이 커지는 특징을 가지고 있다. 아이의 시냅스는 자극을 많이 받을수록 튼튼해지고 자극을 더 이상 받지 못하면 사라진다.

푸름이가 책을 마치 사진 찍듯이 찍어 보며 속독을 하게 된 것은 결코 유전의 결과가 아니다. 아주 어린 시절부터 책에 자주 노출되었기 때문이다.

어린 시절부터 책을 즐겨 보면 두뇌의 신경회로는 고도로 발달한다. 이것은 단지 푸름이에게만 국한된 현상이 아니다. 어릴 때부터 부모가 책을 줄기차게 읽어준 모든 아이에게서 나타나는 보편적인 현상이다.

처음에는 우리도 이런 사실을 몰랐다. 하지만 시간이 지나면서, 강연을 통해 만난 어머니들의 이야기를 들으면서, 책을 통한 교육에는 분명 무언가 존재한다는 생각이 들기 시작했다.

현장에서 만나는 어머니들의 말 한마디도 이제는 예사롭게 들리지 않는다.

"첫째가 네 살 때부터 책을 통한 푸름이 독서 교육을 그대로 따라했어요. 퇴직금까지 털어 책을 사주자 다들 미쳤다고 했지요. 하지만 열살이 된 지금 돌이켜보니 그 결정은 옳았습니다. 아이가 책을 굉장히 좋아하고, 지적인 발달은 물론 정서적으로도 안정되어 있으며 무엇보다 참 온화해요. 둘째에게도 적용해 보았더니 더욱 쉽게 받아들였지요. 아이들이 스펀지처럼 그대로 책을 흡수하는 것 같아요."

서두르지 말고 차근차근! 몰입독서 실천법

푸름아빠의 책읽기 어드바이스

Q 글도 모르는 아이에게 책을 보여줘야 하나요?

15개월 된 남자아이를 키우는 주부입니다. 아직 15개월인데 책을 많이 사준다고 해서 그게 아이에게 도움이 될까요? 글도 모르는 아이에게 책을 사주는 게 실제로 도움이 되는지 궁금합니다.

A 푸름이는 3개월 때 책을 처음 구입해서 7개월부터는 숨은그림찾기 놀이를 했답니다. 처음에는 정말 우연하게 구입한 것이지만, 지금 다시 아이를 갖는다면 저는 아이를 갖기 전부터 책을 준비할 것입니다.

아이가 어린 시절에는 한꺼번에 많은 책이 필요한 것은 아니에요. 그러나 아이에게 맞는 책은 있어야 합니다. 아이는 자기가 좋아하는 책만 보려고 하는데, 기본적으로 책이 갖춰져 있지 않으면 어떤 책을 좋아하는지 알 수가 없답니다.

한 권의 좋은 책이 아이의 인생을 바꾸어놓을 수 있습니다. 책을 일찍 사주고 사주지 않고의 문제가 아니라 정신의 문제이지요. 책을 중요시하고 활용할 수 있는 기회를 끊임없이 찾고 연구하는 부모와 그에 대한 가치를 모르는 부모 사이의 차이는 극명하게 아이의 성장에 반영됩니다.

글을 몰라도 아이들은 그림을 봅니다. 그림을 보면서도 두뇌는 계속 발달하고 확산적 사고까지 하게 되는데 이 과정에서 창의성을 기르게 된답니다. 정말 좋은 책은 아이의 인생에 깊은 영향을 줄 좋은 선물이지요.

책의 양을 채우면
질적인 변화가 따라온다

인류 역사상 수많은 천재들이 출현했던 그리스 시대와 르네상스 초기에 사람들은 책을 많이 읽었다고 한다. 푸름이닷컴의 아이들도 초등학교 입학 전까지 많은 책을 읽는다. 굳이 반복한 횟수는 무시하더라도 그 독서량은 엄청나다.

이것은 부모의 강요만으로는 불가능한 일이다. 아이가 책을 읽어달라는 눈빛을 보일 때 부모가 그 눈빛을 놓치지 않고 책을 보여주면 아이 스스로 책에 몰입하게 된다. 이때 아이가 가진 모든 에너지를 책에 쏟으며 내면의 힘을 키우게 되면서 자연스럽게 많은 책을 읽게 되는 것이다. 처음에는 작은 양의 지식을 받아들이지만 점점 눈덩이가 불어나듯 지식을 받아들이는 속도가 기하급수적으로 증가하고, 책을 읽는 속도도 점점 빨라진다.

서두르지 말고 차근차근! 몰입독서 실천법

푸름이는 초등학생 때 자신이 좋아하는 2차 세계대전사나 군사학 같은 두꺼운 전문서적도 몇 시간 정도면 너끈히 읽어 내려갔다.

푸름이는 책을 읽을 때 처음부터 한 줄씩 읽는 게 아니라 한 페이지 또는 밑에서 위로 때론 중앙에서 옆으로 영상을 찍어 퍼즐을 맞추듯 조합해서 읽는다. 속독을 가르친 적은 없지만 어릴 때부터 지금까지 수많은 책을 읽으면서 무수히 문자에 노출되고 어휘를 습득했기 때문이다. 즉 책읽기 효율성이 극대화되면서 두뇌 구조가 달라진 것이다. 이는 푸름이뿐만 아니라 어릴 때부터 책을 읽은 아이들 대부분에서 공통적으로 나타나는 현상이다.

초등학교 때 책읽는 습관이 들려면 5년이 필요하다

책을 좋아하는 아이로 키우려면 책읽기는 태교 때부터 시작되어야 한다. 초등학교에 입학하기 전까지는 부모들이 책 읽는 모습만 보여 줘도 평생에 걸쳐 책을 좋아하는 아이로 성장한다.

반면 초등학교에 입학하고 나서 책 읽는 습관을 들이려면 적어도 5년 정도의 헌신적인 노력이 필요하다. 이것은 아이들이 어떤 특정한 것을 그대로 흡수하는 결정적 시기가 지났기 때문이다. 나무가 곧게 서 있으면 물만 줘도 무럭무럭 자라지만, 일단 쓰러지면 다시 일으켜 세우기 위해 시간과 노력이 필요한 것과 마찬가지다.

독서 교육은 책을 읽으면서 단순히 지식을 축적하는 것이 아닌, 아이의 두뇌 구조를 다르게 바꾸는 교육이다. 책을 읽으면서 방대한 지식을 습득하는 과정에서 사고의 수준도 점점 높아지고 어느 순간 지식이 통합되는 질적인 변화가 일어나면서 세상과 인간을 깊게 이해하는, 새로운 인류로 성장하는 것이다.

아이가 스스로 책을 읽으면서 양을 채우려는 활동을 부모가 적극적으로 돕는다면 학교에 들어갈 때쯤이면 아이 내면에 존재하는 위대한 힘을 보게 될 것이다. 그런 부모는 자식의 내면에 존재하는 인생의 나침반을 믿기 때문에 사교육에 흔들리거나 불안감 없이 아이가 좋아하는 분야에서 최고의 성취를 이루도록 느긋하게 기다려 줄 것이다.

서두르지 말고 차근차근! 몰입독서 실천법

Q 좋아하는 책만 놔두고 치우려 해요

우리 아이는 17개월이 되었답니다. 태어나기 전부터 교구며, 전집, 단행본에 장난감까지 하나둘 이것저것 많이 사서 모았어요. 그래서 거실 책꽂이에 교구나 책들을 잔뜩 쌓아 놓고 아이가 하고 싶은 대로 놔두고 있어요. 그런데 요즘은 한 가지에 집중을 하지 않고 이것저것 꺼내 달래서 노니까 집안도 엉망이고, 책도 즐겨 읽지 않는 것 같아요. 책과 교구, 장난감을 몇 가지만 놔두고 나머지는 안 보이는 곳에 치워 일주일에 한 번씩 바꿔 줄까 생각하는데 괜찮을까요?

A 가지고 계신 책은 치우지 말고 모두 책꽂이에 꽂아놓으세요. 그리고 그중 아이가 즐겨 보는 책은 방바닥에 깔아놓으세요. 아이가 보는 책만 놔두고 치워 버리면 책과 친숙해질 수 없고, 아이의 지성이 한 단계 뛸 때 엄마가 알아채지 못할 수 있습니다. 아이 스스로 책을 읽으면서 양을 채우려는 활동을 막을 수도 있고요.

하지만 장난감이나 교구의 경우는 조금씩 꺼내 놓고 새로운 교구나 장난감을 요구할 때마다 바꿔 주는 것이 좋습니다. 엄마가 신경 써서 아이가 장난감보다는 책과 먼저 친해질 수 있는 환경을 만들어주세요.

태어나서 36개월까지가
아이 인생에서 가장 중요하다

지식을 그대로 흡수하는 능력은 나이에 반비례한다. 물론 나이가 들수록 누적된 지혜나 지식은 당연히 커질 것이다. 그러나 흡수하는 힘은 점점 약해진다. 사실을 흡수하는 능력은 72개월이면 어느 정도 고정되는데, 이것이 바로 글렌도만이 주장한 '재능 체감의 법칙'이다.

학창 시절을 되돌아보면 어떤 친구들은 잠깐 공부하는 것 같은데도 성적이 좋고, 또 어떤 친구들은 굉장히 열심히 하는 것 같은데도 성적이 별로 안 좋던 기억이 있을 것이다. 여기에는 여러 가지 이유가 있겠지만, 무엇보다 초등학교 이전에 이미 고정된 흡수 능력의 차이에서 기인한 것이라고 봐야 한다.

아이의 일생에서 가장 중요한 시기는 태어나서 36개월까지다. 세

서두르지 말고 차근차근 몰입독서 실천법

살 버릇 여든 간다는 속담이 있듯이 이 시기에 아이의 기본적인 성향이 결정된다. 유치원 창시자인 교육학자 프뢰벨은 이 중요한 시기를 다음과 같은 말로 표현하고 있다.

"유아가 말을 할 수 있을 때까지 변화하는 모습은 초등학생이 뉴턴으로 성장하는 변화보다 훨씬 크다."

72개월까지 아이 인생의 80퍼센트를 투자하라

36~72개월 사이도 중요한 시기다. 흔히 '응결 작용기'라 부르는 이 시기는 아이의 뇌세포 속에 새로운 지적 시스템이 출현해 지능이 급속도로 발달한다. 특별한 장점이 없어 보이던 아이가 네 살을 전후한

시기에 주위를 깜짝 놀라게 하는 행동이나 말을 하는 경우가 있는데, 이 시기에 뇌세포가 유달리 뜨겁게 활동하기 때문이다.

이때는 상상력도 발전하는데, 아직은 현실과 이상을 정확하게 구별하지 못해 가끔 엉뚱한 이야기를 할 수도 있다. 얼굴에 생긴 상처를 보고 왜 생겼냐고 물으면 "칼새가 와서 베었어요."와 같이 이치에 맞지 않는 이야기를 할 때가 종종 있다. 또 방 안에 괴물이 있다며 무서워 들어가지 못한다고도 한다.

하지만 이를 아이가 거짓말하는 것으로 생각해선 안 된다. 흔히 이 시기의 아이들이 갖는 특징을 잘 모르는 부모들은 아이를 야단치는데, 이때 꼭 주의할 필요가 있다.

아이는 72개월이 지나서야 비로소 현실과 이상을 구별하기 시작한다. 그 이후가 지나면 사실 육체가 성장하는 시기로 정신적 성장에 아무리 많은 투자를 해도 큰 효과를 보지 못한다.

따라서 아이의 전 인생에 걸쳐서 100을 투자한다면 적어도 72개월 이전에 80을 투자하는 것이 바람직하다. 여기서 말하는 투자란 아이에 대한 모든 사랑과 관심이며, 이를 쏟아부어서 아이가 흡수할 수 있는 그릇의 크기를 가능한 크게 만들어 놓는 것이다. 그릇의 크기를 크게 만드는 방법 가운데 하나가 바로 한글 교육이다.

푸름이가 초등학생 때 일이다. 일본의 한 방송 작가가 푸름이를 취

서두르지 말고 차근차근! 몰입독서 실천법

재하러 온 적이 있다. 혹시 일본에도 푸름이처럼 자연스럽게 속독을 하는 아이가 있냐고 작가에게 물었더니 속독 학원은 많지만 한자의 음독과 훈독이 워낙 어려워 보지 못했다고 했다. 그러면서 푸름이가 읽고 있던 《무기와 방어구》라는 책을 보고는 몹시 놀라워했다.

중국의 경우도 문자가 어려워 초등학교 2학년 정도가 되어야 만화책을 본다는 글을 읽은 기억이 있다.

영어도 중세 시대에 문자가 고정되었고 현대로 오면서 음가가 달라졌기 때문에 문자와 음가 사이에 괴리가 일어났다. 그 규칙을 가르치는 것이 바로 파닉스다. 그래서 다섯 살 이전에 글을 읽으면 대단한 것으로 생각한다. 영어는 글을 읽기 전에 음소론적 인지가 먼저 이뤄져야 한다. 즉 알파벳의 자음과 모음을 구별해야 하는 것이다. 그런데 영어의 알파벳에는 b와 d, p와 q처럼 뒤집어 놓았을 때 모양이 같아지는 음소가 있어, 영어권 아이들은 7~8세까지 단어 구별을 혼란스러워한다.

반면 우리 한글은 다르다. 빠르면 열흘 만에 깨우칠 수 있는 게 바로 한글이다. 한글에는 알파벳과 같은 혼란스러운 음소가 없으며, 하나의 음소에 하나의 소리만 대응한다. 'ㄱ'에 'ㅏ'를 붙이면 '가'가 되는 식으로 자음과 모음이 규칙적으로 대응하기 때문에 훨씬 빨리 글을 배우고 읽을 수 있다.

글을 일찍 읽으면 더욱 많은 지식을 흡수할 수 있고, 그러면 더욱 잘 배울 수 있다. 한글을 일찍 배우면 창의력이 떨어진다고 하는데, 한글은 다른 문자에 비해 쉽기 때문에 그렇지 않다. 오히려 그림책의 한글을 읽으면서 사고력을 기를 수 있고 동시에 그림을 보면서 상상력과 창의력도 함께 발전시킬 수 있다.

Q 아이가 원하는 대로 읽어줘야 하나요?

아이가 6~7개월부터 책을 읽어줬고, 본격적으로 읽어주기 시작한 것은 9개월쯤입니다. 9~10개월에는 한번에 30분 동안 책을 보고 제가 읽어주는 대로 봤어요. 보통 30분 동안 10권 이상의 책을 봤지요. 그런데 11개월이 되니 책 중간에 다른 책을 읽어달라며 자기가 덮어 버리곤 합니다. 11개월에 몬테소리 동화책을 구입했는데 몇 가지 특이한 책을 빼고는 9~10개월에 읽어주던 책을 더 좋아합니다. 9~10개월에 읽어주던 책은 거의 대부분 끝까지 다 보곤 해요.

궁금한 것이 있는데, 아이가 좋아하는 책 위주로 보여줘야 하나요? 또 읽어주는 중간에 덮어버리고 다른 책을 가져오면 아이가 원하는 대로 읽어줘야 하나요? 어떤 때는 너무 금방금방 다른 책을 가져오기도 합니다.

A 아주 간단합니다. 아이가 좋아하는 책을 읽어주세요. 좀 더 반복하다 보면 그때는 그 책을 더 이상 읽어달라고 요구하지 않습니다. 읽어주다가 다른 책을 가져오면 아이가 원하는 대로 해주세요.

몬테소리 책 중에서 몇몇 특이한 책은 이전에 보았던 책과 비슷하거나 자기 수준에 맞는 것이고, 이전에 보았던 책들은 아직까지 완전하게 다 받아들인 게 아니므로 좀 더 반복해서 보려 하는 것입니다. 기존의 것을 읽어주면서 새로운 것을 조금씩 추가시키다 보면 어느새 예전 책만 보려던 그 시기는 지나갑니다. 한 단계 높은 다른 책이 주어질 때야말로 지성은 끊임없이 성장한답니다.

태어나서 열 살까지가
언어를 익히기에 가장 좋은 '적기'다

서너 살 이전에 하는 조기교육에 대한 의견이 분분하다. 조기교육보다는 적기교육을 해야 한다는 주장과 함께, 조기교육의 폐해에 대한 우려의 목소리가 높다. 그러나 올바른 방법만 알면 조기교육보다 효과적인 교육은 없다. 적기교육이란 사실 '결정적 시기'와 '민감한 시기'를 놓치지 않는 조기교육일 수밖에 없다.

우리의 뇌는 나이가 들어감에 따라 새로운 지식을 흡수하거나 상황에 적응하는 능력이 떨어진다. 아기의 두뇌가 주위 환경에 가장 잘 반응하고 받아들이는 시기를 흔히 '결정적 시기' 또는 '민감한 시기'라고 한다. '민감한 시기'는 두뇌 발달이 일어날 수 있는 최적의 시기며, '결정적 시기'는 '민감한 시기'보다 훨씬 더 결정적이고 중요한 시기다. 물론 우리의 뇌는 실로 경이롭기 때문에 전 생애를 통해 학습할 수 있

서두르지 말고 차근차근! 몰입독서 실천법

지만, '민감한 시기'나 '결정적 시기'를 놓치면 다시 돌이키기 어렵다.

언어학자들은 언어 학습의 '민감한 시기'를 출생부터 10세까지로 꼽는다. 10세 이전의 아이는 비교적 쉽게 외국어를 익히고 또 모국어의 특이한 발음이나 억양에 구속받지 않고 외국어를 받아들일 수 있다. 물론 그 이후에도 외국어를 배울 수는 있지만 아무리 노력해도 원어민만큼 유창할 수 없을 뿐만 아니라 모국어의 발음이나 억양을 감추기도 어렵다.

아이에게 민감한 시기보다 더 중요한 것은 결정적 시기라고 한다. 예를 들어 시각 발달을 위한 결정적 시기는 생후 6개월까지로, 이 시기에 눈의 질병 때문에 안대를 씌운다면 시각 능력은 영원히 정상적으로 발달하지 못한다.

어휘력 발달에 최적의 시기는 36개월까지이다

민감한 시기와 결정적 시기를 통해 기회의 창문은 일찍 열리기도 하고 늦게 열리기도 한다. 각각의 발달에 필요한 최적의 시기는 영역별로 다른데, 사회적 친밀감은 18개월까지다. 생후 18개월까지 긍정적인 대인 경험을 하지 못한 아이는 타인과의 친밀한 인간관계를 형성할 능력을 잃어버린다. 그래서 최소한 18개월까지는 부모가 아이와 함께 하면서 스킨십을 해주고 항상 사랑받고 있다는 느낌을 줘야한다.

말하기와 단어 학습 능력의 결정적 시기는 생후 36개월까지다. 이때 부모가 얼마나 풍부한 언어 환경을 만들어주느냐에 따라 평생 갖게 될 어휘력이 달라질 수 있다.

텔레비전도 언어 발달에 영향을 미친다. 그러나 아이는 항상 자신과 관련된 맥락에서 어휘를 받아들이므로, 텔레비전처럼 일방적으로 정보가 지나가면 어휘를 받아들이기 어렵다. 이때 부모가 같이 앉아서 텔레비전 내용을 부모의 언어로 들려주게 되면 아이의 눈높이에 맞추어 지식을 전달할 수 있으므로 텔레비전도 좋은 교육 매체가 될 수 있다. 이처럼 어휘력 증가와 언어 구사 능력의 발달에 가장 큰 영향을 끼치는 것은 아이에게 직접 건네는 부모의 말이다.

논리와 수리 개념을 이해하는 능력은 12~48개월 사이에 발달한다. 이 시기에 블록을 쌓았다가 부수고, 자연에 나가 모래성 쌓기를 하고, 실에 구슬을 꿰고, 계단을 오르면서 수를 세는 것과 같은 일상의 자연스러운 행동은 아이의 논리와 수리 능력 발달에 많은 도움을 준다.

운동 능력은 출생 후부터 48개월 사이며, 음악 교육은 눈과 손의 조화가 충분히 이루어지는 36개월 무렵부터 시작해 12세 정도가 최적의 시기다.

푸름아빠의 책읽기 어드바이스

Q **책을 읽어주면 몇 쪽 못 읽고 가버려요**

11개월 된 우리 아이는 책에 관심은 보이지만 읽어주려고 펼치면 몇 페이지 못 보고 가버립니다. 간혹 제가 읽고 있던 책을 빼앗아 들고 이러 저리 돌려보거나 물기도 하고, 제가 다 읽고 나면 기어와서 책을 흘끗 보기도 합니다. 이럴 때 아이가 가버려도 엄마는 책을 계속 읽어줘야 하나요? 아니면 책을 덮어야 하나요? 저는 듣기라도 하라고 애가 가건 말건 계속 소리 내어 읽어주거든요. 그리고 아직 몇 권 외에는 아이가 좋아하는 책이 어떤 건지 잘 모르겠어요. 그냥 다 조금씩만 관심을 가지는 것 같아요. 그래도 계속 다른 새로운 책을 보여줘야 할까요?

A 아이에게 책을 읽어주라는 건 책을 매개로 대화를 나누라는 뜻입니다. 자연에 나가 자연을 가르치라는 것 또한 자연을 매개로 대화를 나누라는 뜻이죠. 즉 대화를 통해 다양한 어휘를 자녀에게 줄 수 있고, 그래서 지성을 높일 수 있다는 의미입니다. 물론 자연과 책을 통해 정서도 따라서 발달하겠지요.

책을 읽어줄 때 몇 페이지 못 보고 아이가 다른 데로 가버리는 건 정상적인 과정입니다. 그럴 땐 책 읽어주는 것을 멈추는 게 바람직합니다. 물론 엄마가 책 읽는 모습을 보여줄 목적으로 읽는 거라면 계속 읽어도 되지만요.

어차피 수십 번 반복해서 읽어주게 되어 있습니다. 집중하는 시간만 잠깐 읽어주고, 아이가 움직이면 엄마도 같이 움직이면서 다양한 사물을 인지할 수 있도록 대화를 나눠 주세요. 아이가 관심을 기울이는 사물의 이름을 이야기해 주면서 대화를 나눠 주는 것은 책을 읽어주는 것과 마찬가지의 큰 효과를 가져다 줍니다.

내 아이를 보고 아이 수준에
맞는 책을 골라라

아이의 발달은 계단처럼 진행된다. 어느 때는 돌아서면 달라 보일 만큼 빠르게 발달이 이뤄지다가도 또 어느 때는 발달이 멈춘 것처럼 보이기도 한다. 발달이 멈춘 것처럼 보이는 시기를 전문 용어로 '학습 고원'이라고 하는데, 이 시기는 외적으로는 변화가 없지만 내적으로는 구조적인 변화를 겪는 시기다.

자녀를 잘 키우는 부모는 이 시기에 아이를 재촉하지 않고 기다릴 줄 안다. 아이를 키우는 부모라면 누구나 체험적으로 느끼는 현상이 있는데, 바로 어느 순간에는 내 아이가 천재처럼 느껴지다가도 또 어느 순간에는 둔재처럼 느껴지는 것이다.

천재처럼 느껴지는 시기는 질서의 시기고, 둔재처럼 느껴질 때는 혼돈의 시기다. 대개 생후 15개월을 지나면서 질서와 혼돈의 시기가

6~12개월을 주기로 72개월 정도까지 반복된다. 우리가 소위 부르는 미운 세 살, 무법자의 다섯 살은 혼돈의 시기를 말한다.

이처럼 아이의 발달은 질서와 혼돈을 반복하며 변하고, 그런 다음 한 차원 더 높은 단계로 발전하게 된다. "이게 뭐야?", "저게 뭐야?" 하다가 어느 날 "왜 그래?" 하는 질문이 나오기 시작하면 한 단계 높은 차원으로 진입했음을 의미한다.

이때부터는 교육의 방향도 달라져야 한다. "이게 뭐야?" 단계에서는 부모가 한 발자국 나서서 "이것은 무엇이고 저것은 무엇이란다." 와 같이 풍부하게 이야기해 주며 자세히 가르쳐 줘야 한다.

그러나 질문이 "왜 그래?" 단계로 넘어가면 그때는 한 발자국 물러서서 "그런데 네 생각은 어때?" 하면서 아이 스스로 생각할 수 있는 힘을 길러 주어야 한다. 그러면서 좀 더 해줄 말이 있으면 "엄마 생각은 이런데, 너는 그것에 대해 어떻게 생각하니?" 하고 다시 묻는다. 어릴 때부터 이런 훈련을 받은 아이들은 자기 주장을 뚜렷이 내세울 줄 알며 학교에 가서도 발표를 잘하는 아이로 성장하게 된다.

아이의 발달이 계단식이라는 것은 피아제의 인지 발달 이론에서도 알 수 있다. 피아제가 감각 운동기, 전 조작기, 구체적 조작기, 형식적 조작기와 같이 인지 발달을 나눈 것은 발달에 불연속면이 있으며, 어느 시기에 도달해야만 비로소 배울 수 있는 것이 있음을 의미한다.

아이의 발달 단계에 따라 부모의 교육도 달라져야 한다

　책을 읽는 것도 마찬가지다. 책의 수준이 아이의 발달 수준보다 높으면 아이는 그 책을 볼 수 없다. 따라서 책을 줄 때는 항상 아이의 발달 수준에 맞는 책을 골라 줘야 한다.

　예를 들어 책을 읽히고 싶은 마음은 간절한데 어떤 단계에 맞춰 읽혀야 할지 모르는 엄마들은 흔히 동화로 재구성한 위인전이 아닌 두꺼운 위인전을 고르게 된다. 이런 위인전은 어느 정도 구체적인 사고를 할 수 있는 72개월 정도가 지나야 볼 수 있다. 그런데 3~4세 아이에게 그런 책을 준다면 아이는 흥미를 느끼지 못한다. 그러면 아이가

서두르지 말고 차근차근! 몰입독서 실천법

책을 싫어한다고 생각해 그 다음부터는 책을 통한 교육보다는 학원처럼 성과를 강제하는 교육을 선택하게 된다.

그렇다면 부모는 아이의 발달 단계에 따라 어떻게 어느 정도까지 도와줘야 할까? 아이가 어릴 때는 사랑을 듬뿍 주면서 무언가 하려 할 때는 도와주는 것이 좋다. 사랑을 많이 받는다고 느끼는 아이는 안정적인 정서뿐만 아니라 인지 능력의 발달도 매우 빠르다.

예를 들어 퍼즐을 할 때도 부모가 퍼즐 몇 개를 직접 제자리에 옮겨 준 다음에는 아이의 손을 잡고 조각을 갖다 놓을 위치를 알려준다. 이렇게 하면 아이는 과제도 달성하고 부모의 행동도 보고 배울 수 있다. 이런 경험이 쌓이면 아이는 혼자 하려는 마음이 강해지게 되는데, 그때부터 부모는 점점 뒤로 빠지면서 아이가 독립심을 키울 수 있도록 지켜봐야 한다.

책을 읽어줄 때도 마찬가지다. 처음에는 책을 읽어주면 가만히 있다가, 조금 크면 활동이 많아지면서 여기저기 주체할 수 없는 관심에 책을 읽어주는 동안에도 돌아다니게 된다. 그때 그만 읽어줘야 할지 아니면 계속 읽어줘야 할지 결정을 내리기 어렵다. "하루에 적어도 10권은 읽어줘야 한다던데, 우리 아이는 1권도 제대로 집중을 못해요."라며 걱정하는 엄마가 많다.

여기에 대한 답은 아주 간단하다. 아이가 읽어달라고 요구하는 만큼만 읽어주면 된다. 아이가 돌아다니면 책을 그만 읽어야 하고, 밤에 집중해서 책을 읽어달라고 요구하면 또 그에 맞춰 읽어주면 되는 것이다.

이처럼 발달 시기에 따라 부모의 교육은 달라져야 한다. 아이는 엄마 아빠의 도움을 받으면서 편안한 마음으로 학습에 임할 때 가장 성취도가 높다.

아이와 대화를 나눌 때도 처음에는 부모의 보호막이 필요하다. 교육의 가장 핵심 단어 가운데 하나가 바로 대화다. 자연에 나가서 자연을 가르치라는 것은 자연을 매개로 해서 대화를 나누라는 것이다. 그리고 아이에게 책을 읽어주라는 것 역시 책을 매개로 대화를 나누라는 의미다.

잘만 활용하면 만화책도 '약'이 된다

책읽기를 할 때 역사, 과학, 위인, 문학 영역 등이 너무 어려우면 먼저 만화책으로 시작해도 된다. 이것은 푸름이에게 배운 것이다. 푸름이에게 역사를 가르친 적이 없는데 역사에 대해 무척 해박하기에 "푸름아, 어떻게 그렇게 역사에 대해 잘 알게 되었니?" 하고 물었더니 "만화책이 뼈대예요. 만화책에다 살만 살살 붙이면 돼요." 하는 게 아닌가!

분명 뭔가 꿰뚫고 하는 말이었다. 교육 원리상 구체적인 것에서 추상적인 것으로 발달이 이루어지는데, 만화는 그림으로 볼 수 있으므로, 글씨로만 이루어진 책보다는 훨씬 구체적이다. 따라서 구체적인 만화책을 보면서 이미지를 그릴 수 있으므로 자연스럽게 두꺼운 책도 볼 수 있게 되는 것이다.

아이가 만화책을 너무 많이 보는 게 아닌지 걱정하는 부모도 있는데, 저질 만화책만 아니라면 좋은 학습 만화책은 오히려 권장할 만하다고 생각한다. 자존감이 높은 아이들은 스스로 저질 만화책을 보지 않는다.

아이가 만화책만 본다고 글씨책을 안 볼 거라는 걱정도 할 필요가 없다. 만화책으로 어느 정도 책읽기가 충족되면 자연스럽게 글씨책으로 관심을 옮긴다. 푸름이뿐만 아니라 동생 초록이도 같은 현상을 보였다. 초록이는 학습 만화책을 통해 책읽기 습관을 들였을 정도다. 지금도 여전히 만화책을 좋아하지만, 글씨책도 아무런 문제 없이 잘 읽는다.

Q 만화를 못 보게 감췄어요

일곱 살 된 아들이 있는데 책을 무척 좋아합니다. '그리스 로마 신화'가 만화로 나왔을 때 굉장히 보고 싶어해서 8권짜리를 사주었어요. 그런데 그 만화를 보고 난 뒤부터 "죽인다!"라는 말을 자주 하고, 만들기를 해도 꼭 창이나 칼을 만드는 거예요. 심지어 친구와 싸울 때도 만화에 나오는 장면을 따라하겠다고 해서 저를 무척 당황하게 만들었지요.

그래서 만화를 모두 감춰 버렸습니다. 왜 그래야 하는지 설명을 해주고 초등학교에 들어가면 다시 꺼내 주겠다고 했지만 통곡하며 슬퍼하는 거예요. 제가 너무 심했던 걸까요? 어느 시점에 다시 보게 해야 할지 고민입니다.

A

남자아이는 여자아이와 다른 발달을 보입니다. 그것은 놀이에서도 큰 차이가 나는데, 남자아이는 주로 창이나 칼을 들고 전쟁놀이를 하는 반면, 여자아이는 소꿉놀이를 하지요. 이것은 남성 호르몬이 우세하기 때문입니다. 따라서 아이가 '죽인다'는 말을 하면서 전쟁놀이를 하는 것은 발달이 정상적으로 이루어지고 있음을 의미합니다.

전쟁놀이를 한다고 실제로 누구를 죽이는 것은 아니에요. 얼른 숨겨둔 만화를 꺼내 주세요. 자기가 좋아하는 것을 못 보게 됐으니 통곡하며 슬퍼하는 것은 너무도 당연합니다.

연령에 맞는
단계별 책읽기 요령

모 든 교육은 구체적인 것에서부터 시작해서 점점 추상적인 것으로 발달해 간다. 아이들은 태어나면 구체적인 대상이 있는 '엄마, 아빠'를 먼저 배우지, '신'이나 '자유' 같은 추상적인 개념을 먼저 배우지 않는다.

마찬가지로 책의 발달 단계도 자기 주변에서 흔히 볼 수 있는 단순하면서 구체적인 대상을 다룬 책에서부터 시작해서 점점 추상적인 책으로 나아가야 한다.

아이가 태어나서 처음 보는 책은 가족관계를 보여주거나, 집안의 물건, 움직이는 자동차나 기차, 또는 집 주변에서 볼 수 있는 고양이와 개 같은 동물, 한 발자국 나가면 꽃이나 식물같이 사물의 큰 특징을 잡아 이를 그림으로 그린 사물 인지 그림책이다.

잠에서 깨어난 아침이나 기분이 좋은 시간에 잠깐씩 보여주면 아이는 잘 응시하면서 본다. 이때 부모는 책은 읽어주는 것이 아니라 대화의 매개물이라는 마음 자세를 가져야 한다.

아이가 집중하는 시간은 무척이나 짧다. 만일 부모가 책을 처음부터 끝까지 읽어줘야 한다는 생각에 집착하면, 책을 읽는 동안 아이의 집중시간을 넘어가게 된다. 그리고 아이는 무의식 중에 책 읽는 것이 즐겁지 않다는 생각을 갖게 된다. 물론 부모도 끝까지 책을 읽어주지 못해서 마음이 안 좋으며, 우리 아이가 책을 싫어하는 게 아닌지 걱정하게 된다.

책을 아이와 대화를 나눌 수 있는 매개물이라 생각하면 책 읽기는 즐거움으로 변한다. 대화는 돌아가면서 어느 한 사람은 말하고 어느 한 사람은 듣는 것이며 아주 자유로운 분위기에서 이루어진다. 따라서 책읽기를 대화로 생각하면 굳이 처음부터 끝까지 읽어주는 데 얽매일 필요가 없다. 부모가 대화를 많이 나눌수록 아이들이 똑똑해진다는 건 이미 과학적으로 밝혀진 사실이다.

대화를 많이 나눠야겠다고 굳게 결심해도 만약 책이 없다면 어떨까? 부모가 아이에게 해줄 수 있는 말은 그저 "젖 먹어야지.", "우리 아가 잘 자라.", "씻을 시간이야."처럼 일상적인 표현 말고는 특별히 해줄 말이 많지 않다.

서두르지 말고 차근차근! 몰입독서 실천법

18개월, 사물 인지 그림책과 백과사전, 창작동화로 아이의 흥미를 끈다

아이가 걷기 시작하는 12개월 전에는 보여주는 대로 책을 보았는데 걷기 시작하면 대부분의 아이는 밖으로 나가자고 한다. 이때는 밖에 나가 계단을 오르내리면서 대근육 운동을 하는 시기로 아이의 책읽기는 뜸해질 수밖에 없다. 그러나 밖에 나가 보았던 여러 사물을 집에 돌아와서 자연관찰 책이나 도감을 통해 다시 인지하게 하면 책에 대한 흥미를 다시 불러일으킬 수 있다. 그러면서 아이는 18개월 전후쯤 본격적으로 사물을 분류하려 한다.

이때 필요한 책이 그림 위주로 된 백과사전이다. 백과사전은 아이가 어떤 분야에 흥미를 갖고 있는지 알려주는 지표 역할을 한다. 예를 들어 아이가 '나비'를 좋아하면 그냥 '나비'라고 뭉뚱그려 가르쳐주는 것보다는 "이건 빛깔이 아름다운 호랑나비네."처럼 구체적인 이름과 특징을 가르쳐준다. 분류의 깊이를 더할 때 아이의 지성은 훨씬 빠르게 발달한다.

또한 이 시기에 아이는 한두 줄짜리 생활동화나 창작그림책을 좋아한다. 두 살이면 두 줄짜리, 세 살이면 세 줄짜리와 같이 꾸준히 단계를 높여가 주면 아이들은 자연스레 풍부한 어휘를 습득하게 된다.

24개월, 자연관찰 책과 자연과학 동화로 자연과 가깝게 해준다

아이는 24개월이 되면서 훨씬 구체적인 내용의 자연관찰 책을 보는데, 이때는 자연관찰 책이 책에 대한 관심을 끄는 데 많은 도움이 된다. 푸름이는 특히 자연관찰 책을 좋아해서, 출판사만 달라도 사주다 보니 자연관찰 관련 전집만 10종류가 넘을 정도였다.

30개월이 되면 아이들은 자연과 과학의 원리를 의인화해서 이야기로 전달하는 책들에 흥미를 갖기 시작한다. 어릴 때 자연을 많이 접해주지 못해 자연에 흥미를 많이 갖지 못한 여자아이들에게는 이야기를 읽는 즐거움을 주면서 자연을 쉽게 이해하도록 돕기 때문에 더욱 유용하다.

36개월, 전래동화나 명작동화로 윤리적인 가치를 배운다

아이가 36개월 정도가 되면 상상력이 발달하면서 전래동화나 명작동화를 읽으려 한다. 어떤 사람들은 전래동화나 명작동화는 권선징악을 강조하기에 너무 어린 시절에는 읽히면 안 된다고 한다.

하지만 아이들은 명작동화의 주인공을 자신과 동일시하면서 고난을 함께 겪고 마침내 주인공이 승리하는 것을 보며 세상을 어떻게 살아야 하는지에 대한 윤리적인 가치를 배우기 시작한다.

60개월, 역사책이나 위인전, 원리과학 책에 푹 빠지는 시기이다

아이가 60개월 전후가 되면 책읽기는 깊어져 역사책이나 위인전 또는 원리과학 책을 읽으려 할 것이다. 이런 추상적인 분야의 책은 이해를 쉽게 하기 위해 만화로 보여주는 것도 상관없다. 책읽기를 꾸준히 해온 아이들은 보통 60개월부터 초등학교 4학년까지 아이에 따라 다르겠지만 만화에 미치는 시기가 온다.

중요한 것은 아이들의 책읽기는 각 개인의 관심사에 따라 다르고, 발달의 개인차도 제각각이므로 앞에서 소개한 책 단계에 내 아이가 맞지 않는다고 비교하거나 억지로 강요해서는 안 된다는 점이다. 그렇게 되면 책을 좋아하는 아이로 키울 기회를 놓치게 된다. 그러므로 책을 선택하기 전에 내 아이의 눈빛과 발달을 보고 이해하는 것이 무엇보다 중요하다.

Q 읽어달라는 책이 아이의 단계에 맞지 않아요

우리 아이는 요즘 아주 예전에 읽었던 책들을 가져와서 읽어달라고 합니다. 제가 봤을 땐 너무 단계가 맞지 않은데 가져오니 답답합니다. 아이가 원해서 읽어달라고 하니까 그렇게 하고는 있지만, 너무 단계가 안 맞아도 괜찮을까요? 아니면 그런 책을 아예 책장에서 빼서 다른 곳으로 옮겨놔야 할까요?

A 낮은 단계의 책이라면 괜찮습니다. 너무 높은 단계의 책은 이해하지 못해서 책을 멀리할 수 있으니까요.

예전에 읽었던 책을 읽어달라는 건 이전에 읽으면서 가졌던 기쁨을 다시 한 번 맛보고 싶어서 그러는 것입니다.

푸름이도 어릴 때 보던 책을 종종 다시 꺼내서 보곤 했습니다. 그래서 아이의 추억이 담긴 책은 버릴 수가 없었답니다. 남에게 주려고 하면 푸름이는 자기 자식에게 물려줄 건데 버리면 안 된다고 난리가 났지요.

아이는 반복해서 보고 또 봅니다. 그러면서 집의 기초를 다지듯 기초적인 독서 능력을 다져가는 것이지요.

유아 시절에는 한꺼번에 그렇게 많은 책이 필요한 건 아닙니다. 그러나 아이에게 맞는 책은 있어야 하지요. 아이는 자기가 좋아하는 책만 보려고 하는데, 기본적으로 책이 갖춰지지 않으면 어떤 책을 좋아하는지 알 수가 없지요.

전집과 단행본을 씨줄과 날줄처럼 활용하라

교육은 바라보는 시각에 따라 결과가 달라진다. 교육을 생각할 때 부모나 선생님이 뭔가를 쓸어 넣어야만 아이들이 배운다는 생각에 매달린다면 좀 더 좋은 학원, 좀 더 좋은 학군을 찾아가야 할 것이다.

지금 이 땅에 만연하고 있는 교육은 아이를 수동적인 존재로 보고 일방적으로 몰아붙이는 데 몰두하고 있다. 그러나 그럴수록 아이들은 스스로 하고자 하는 내면의 힘이 약해진다. 초등학교 과정까지는 그럭저럭 따라갈 수 있지만, 중학교 2학년만 되어도 끝없이 이 학원 저 학원을 순례하다 지쳐버려 부모에게 저항하거나 자포자기 상태에 빠지게 된다. 결국 부모는 언제나 불안 속에서 자녀를 키우게 된다.

하지만 교육이 몰아붙이는 게 아니라 아이의 위대한 내면의 힘을 끌어내는 것이라고 생각하면 상황은 달라진다. 부모는 단지 아이가 성장할 최적의 환경을 만들어주고 아이 내면의 힘이 발현될 때 방해만 하지 않으면 된다. 아이를 절대적으로 신뢰하고 배려 깊은 사랑만 충분히 주면, 아이는 자신의 내면에 존재하는 빛을 따라가면서, 부모가 상상하기 어려울 정도의 엄청난 성장을 스스로 이루게 된다.

아이들이 어떤 발달 단계를 거쳐 성장하는지, 어떻게 하면 아이 내면의 힘을 끌어낼 최적의 환경을 만들 수 있는지 파악하는 데 전집과 단행본 책이 도움이 된다.

아이가 지적으로 빠르게 발달할 때는 발달 속도를 따라가라

아이의 관심사를 파악하여 단행본 한 권 한 권씩을 정성껏 골라 읽어주는 것도 좋다. 하지만 한 권 한 권 책을 고르면서 아이들의 흡수 속도를 따라가기란 어렵다. 특정한 시기에 아이들이 밤새워 책을 읽어 달라고 할 때 아이들 내면의 힘이 발현되고 있음을 깨닫고 꾸준히 읽어준다면 책읽는 속도가 빨라지고 흡수하는 능력도 수직으로 상승한다.

우리 부부도 푸름이를 키울 때 17~27개월까지는 둘이 번갈아가며 밤을 새워 책을 읽어준 경험이 있다. 남들이 5년 읽어줄 분량을 10개월에 끝냈을 때 푸름이가 책을 읽어 내려가는 속도는 굉장했다. 2주 정도마다 새 책 60권을 준비해 주어야만 간신히 욕구를 채울 수 있는 정도였다.

아이들이 빠르게 발달할 때는 그 발달 속도를 따라갈 충분한 책이 있어야만 발달이 더욱 빨라진다. 프뢰벨은 "많은 것을 본 아이들이 더욱 많은 것을 보기를 원하고, 많이 들은 아이들이 더 많이 듣기를 원한다."고 했다. 이 말의 의미 역시 이러한 아이들의 성장 발달을 통찰하고 있던 원리임을 알 수 있다.

전집을 통해 스펙트럼을 넓혀 다양한 주제에 노출시킨다

아이들의 성장 발달은 먼저 자신이 좋아하는 특정 분야에 반응하는 것으로부터 시작된다. 예를 들어 남자아이들은 대부분 자동차 관련 책만 주로 보다가 그것이 충족된 후에야 비로소 좀 더 복잡한 주제로 넘어간다.

과학 전집은 과학 분야의 책을 모아놓은 것이므로 과학 내에서 다양한 주제를 다루고 있다. 과학 전집 60권을 구입했다면 아이들은 기껏해야 그중에서 자기가 좋아하는 분야의 책 10권 정도만 반복해서 읽으려 한다. 그 반복이 끝나야만 다른 주제로 넘어가는데, 다른 주제로 넘어가려고 할 때 다양한 주제의 책이 없다면 자연스럽게 넘어갈 기회를 놓치고 만다.

이것은 징검다리의 원리와도 같다. 징검다리의 간격이 촘촘하면 아이는 아무런 저항 없이 자연스럽게 강을 건널 수 있지만, 간격이 너무 넓으면 아이 스스로 강을 건너갈 수 없다. 우리 부부가 과학 전집만 10질 넘게 사준 이유도 푸름이가 언제 다음 단계로 넘어갈지 모르기 때문에 단계를 촘촘히 구성해 아이의 흥미에 따라 스스로 성장할 수 있는 환경을 만들어주려는 의도였다.

그러다 보니 푸름이는 같은 주제의 책을 다양하게 보면서 이설과 정설을 구별했다. 고생물학이나 동물생태학 분야의 도서 교정을 보아 용돈을 벌어 쓸 정도가 되었다. 틀린 글자의 교정이 아니라 내용 교정을 정확히 볼 수 있는 실력을 갖춘 것이다.

부모가 신이 아닌 이상 아이가 어떤 것에 흥미를 가지고, 어느 때 관심이 바뀌며, 어떤 성장을 이루는지 100퍼센트 감지할 수는 없다. 전집을 통해 스펙트럼을 넓혀 다양한 주제에 노출시키면, 아이가 스스로의 단계를 결정하면서 성장하는 데 많은 도움이 된다.

전집의 부족한 부분은 단행본으로 채워주어라

전집은 단계에 따라 여러 주제를 다루기 때문에 그 가운데 아이가 어떤 주제를 좋아하는지 알아낼 수 있다. 즉 아이의 관심이 우주에 있는지 공룡에 있는지 아이의 눈빛이 머무는 곳을 보면 알 수 있는 것이다.

물론 그렇다고 전집만이 최고는 아니다. 아이의 눈빛이 공룡에 머물러 있다면 전집에는 공룡이 기껏 한두 권밖에 없기 때문에 아이의 욕구를 충족시키기에는 역부족이다. 그럴 때는 높은 수준과 낮은 수준의 공룡에 관한 단행본들을 다양하게 준비하여 아이의 끝없는 호기심을 채워주어야 한다. 그러면 씨줄과 날줄이 얽혀 아름다운 천을 만들어내듯 아이의 책에 대한 관심은 끝없이 이어지고 또 커지게 된다. 즉 책읽기를 진심으로 좋아하는, 책읽기가 생활화되는 사람으로 성장하는 것이다.

결국 전집이든 단행본이든 아이의 발달을 이끌어내고, 아이의 흥미에 따른 충분한 양적 노출을 줄 때 아이는 질적 변화를 만들어내면서 성장한다.

Q 전집을 사야 할까요, 단행본을 사야 할까요?

두 아이를 키우고 있는 엄마입니다. 아이들에게 무얼 어떻게 해줘야 할지 도대체 중심을 잡지 못하고 있답니다. 책 문제만 해도 이 사람 말을 들으면 이런 게 맞는 것 같고, 저 사람 말을 들으면 또 저런 게 맞는 것 같습니다. 전집을 사야 하는지, 단행본을 사야 하는지 매번 갈등하게 되는데, 어떤 걸 사야 할까요?

A 전집을 사는 것과 단행본을 사는 것은 시기에 따라 달라집니다. 처음 아이가 책을 볼 때는 전집이 있으면 좋습니다. 아이에게 여러 질의 전집을 반복해서 읽어주면 글을 배우는 시기가 빨라지게 됩니다.

또 아이가 스펀지처럼 책을 빠르게 흡수할 때는 단행본만으로는 받아들이는 속도를 따라가지 못합니다. 중심을 잡아주는 좋은 전집을 가지고 있으면 지성을 한 단계씩 올려줄 수 있답니다.

물론 전집만으로도 부족한 부분이 있습니다. 따라서 좋은 단행본 그림책을 다양하게 주면서 전집이 채울 수 없는 부분을 메워주세요. 책을 많이 본 아이라면 여섯 살만 넘어가도 전집으로는 아이의 욕구를 채워줄 책이 마땅치 않아 단행본으로 넘어갈 수밖에 없습니다.

아이가 무엇을 원하는지 엄마가 섬세하게 읽을 수 있다면 아이에게 무엇이 필요한지 저절로 알게 됩니다. 한번 아이를 위해 100권을 일일이 골라 사주겠다고 마음먹고 서점에 가서 골라 보세요. 그러면 왜 전집이 필요한지, 단행본이 어느 때 필요한지 알게 될 것입니다.

기다리고 또 기다려야 아이는
스스로 아름답게 성장한다

어릴 때부터 아이의 눈빛을 읽으면서 배려 깊은 사랑을 충분히 주었고, 밤새워 책을 읽는 몰입 경험도 했으므로 지성이 깊고 남의 아픈 마음에 공감하며 건강하고 생명력이 넘치는 아이로 자랐다고 하자. 부모인 내가 보아도 괜찮고 주변에서도 아이를 참 잘 키웠다고 인정한다.

이런 아이의 부모라면 누구나 우리 아이는 유치원이나 학교에 가면 조용히 집중하고 아무런 마찰 없이 잘 생활할 거라는 기대에 부푼다. 그러나 막상 학교나 기관에 가면 아이가 부모의 평소 생각과는 다른 평가를 받기도 하면서, 혹시 내가 교육에서 뭔가를 빠뜨린 건 아닌지 의심하게 된다. 그러다가 생긴 불안한 마음에 이전까진 그렇게도 사랑스럽기만 하던 아이의 행동에 점점 불만이 쌓여간다.

수업시간에 다른 아이들은 조용히 앉아 있건만, 우리 아이는 자신이 관심 있는 분야면 두 손을 번쩍 들고 자신을 시켜 달라며 극성스럽게 요구하고 끝없이 질문을 해댄다. 그런가 하면 자신이 관심 없는 분야를 다룰 때는 딴 생각을 하거나, 아니면 다른 관심사에 끌려 무의식 중에 돌아다니기도 한다.

이럴 때 부모는 우리 아이가 사회생활도 제대로 하지 못하는 낙오자가 되는 건 아닐까 염려하는 마음이 커진다. 단체생활에 조금 주의가 필요하다는 선생님의 말 한마디에, 염려는 불안과 불면의 고통으로 이어진다. '어디서부터 잘못된 것일까? 아무리 생각해 봐도 잘못된 것이 없는데 왜 내 아이는 다른 아이들처럼 조용히 앉아 선생님 말씀에 집중하지 못할까?'

우리 부부도 푸름이가 책을 읽을 때는 하루에 열 시간 이상 집중하곤 했기에 초등학교에 들어가면 누구보다도 바르게 선생님 말씀을 잘 들을 거라고 기대했다. 그러나 초등학교 입학 첫날부터 그 환상은 깨지고 말았다. 다른 아이들은 얌전하게 줄을 서는데, 우리 푸름이는 뭐가 그리도 궁금한지 이곳저곳을 돌아다니며 만져 보고 거침없이 행동하는 것을 보고 우리의 생각은 편견이었음을 깨달았다. 우리 아이는 아직도 어린아이일 뿐인데, 초등학교에 들어갔다는 이유로 무의식 중에 어른으로 대하고 있었던 것이다.

만약 엄마 아빠가 남의 눈치를 보는 부모 밑에서 억압받는 어린 시

서두르지 말고 차근차근 몰입독서 실천법

절을 보낸 부모라면, 무의식 중에 내 아이가 반듯했으면 하는 바람이 있다. 그래서 집에서는 자유롭게 아이들과 대화하지만, 밖에 나가면 어릴 때 받은 억압 때문에 내 아이가 조금이라도 눈에 거슬리는 행동을 하면 미리 염려하면서 목소리가 굳어지고 눈꼬리는 치켜 올라간다.

아무리 배려 깊은 사랑을 실천하려고 해도 자신도 모르게 어릴 때 부모에게서 받은 대로 자식을 억압하게 되고, 억압에 비례해 아이들은 더욱 흥분하고 행동의 조절은 어려워진다.

초등학교에 들어갔다고 해서, 또 책을 많이 읽어 말은 어른처럼 논리적으로 한다고 해서, 하루아침에 아이가 자신의 행동을 조절할 수 있는 힘을 갖게 되는 건 아니다. 아이가 수업 시간에 궁금한 것을 극성스럽게 질문하고 알고 싶어 하는 것

그냥 아이 뜻대로 둬요.
걔는 아직 거기 더 있고
싶은 것 같은데……

은 자신을 표현하는 지극히 건강한 호기심이다.

부모가 흔들리지 않을 때 아이 내면의 힘도 커진다

유대인 부모들이 학교에 가는 아이에게 선생님 말씀을 잘 들으라는 말 대신, 모르는 게 있으면 선생님께 질문하라고 당부하는 이유는 호기심이 배움의 근본임을 알기 때문이다.

학교에서 자신에게 맞는 도전 과제가 주어지지 않아 아이가 강한 호기심 때문에 수업시간에 돌아다니는 것도 일시적인 현상이다. 누가 뭐라고 하건 아이를 믿고 흔들림 없이 느긋하게 기다려 주면 학년이 올라갈수록 아이의 분별력뿐만 아니라, 자신을 조절할 수 있는 내면의 힘도 커진다. 그러면서 어느 순간 경계와 자유가 조화로운 완성된 인격체로 성장하게 된다. 지성은 15~20년을 앞서가지만 감성은 제 나이를 먹어야 한다는 말을 기억하자.

어릴 때부터 예의를 지나치게 강요하고 미리 반듯한 아이를 만들어 버리면, 남들이 보기에는 좋을 것이다. 하지만 정작 내 아이는 자신이 누구인지조차 알지 못하고 생명력을 잃은 채 혼돈과 분노의 내적불행 속에서 메마르고 힘든 인생을 살아갈 것이다. 그러므로 아이의 꽃봉오리를 일찍 벌리지 말자.

성장을 재촉하지 않는 부모의 기다림 속에서 자발적으로 피는 꽃이 더 크고 아름다우며 그 열매는 달다는 것을 잊지 말았으면 한다.

Q 책만 읽고 다른 아이들과 어울리지 않아요

이제 초등학교 진학을 앞둔 8살 우리 딸의 사회성이 걱정됩니다. 책을 좋아하는 우리 딸은 집에서나 어디서나 항상 책만 읽습니다. 집에 2천 권 정도의 책이 비치되어 있고 가끔 도서관, 서점에 들러서 열심히 책을 읽습니다. 그런 우리 딸은 친구가 놀러와도 친구집에 놀러가도 조금 놀다가는 곧 책을 읽는답니다.

그래서 이제는 우리 아이가 놀러가도 오나마나 재미가 없다는 소리를 듣고 있습니다. 심지어 멀리 이모집에 놀러가서도 밖에서 놀 때는 신나게 노는데 집에 들어가면 책에 파묻혀서 지낸답니다. 어른이 불러도 대답도 안하고 밥 먹자고 해도 대꾸도 안하고 말예요. 그런 우리 딸이 너무 답답해서 결국 혼을 내는 지경까지 왔습니다.

친구 집에 놀러가도 책만 보니까 친구 엄마가 "책 그만 보고 우리 아이하고 놀아라." 하니, 우리 딸이 "그럼 저 오기 전에 책을 치워 놓으세요. 책이 있는데 어떻게 안 봐요?" 그러더랍니다.

이제는 우리 딸을 어떻게 키워야 하는지 답답합니다.

A 아이의 발달은 무척 좋습니다. 문제는 엄마가 사회성에 대한 편견만 바꾸면 됩니다. 사회성이란 먼저 남을 배려하는 마음이 있고, 아이 자신이 독립성을 가지고 있는 것입니다. 분명 아이는 남에게 피해를 끼치는 버릇없는 아이가 아니고, 오히려 배려하는 마음이 강할 것입니다.

엄마는 아이들과 어울려야만 사회성이 길러진다고 생각하는데 그건 아니랍니다.

오히려 너무 어린 시절에 아이들과 잘못 어울려 놀면 욕과 폭력을 먼저 배우게 되거든요. 부모가 배려하고 사랑해 주면 아이는 친구들과 어울리는 것보다는 자기보다 나이가 많은 사람과 대화하기를 좋아하고, 책을 좋아하는 전형적인 특징을 보일 것입니다.

이렇게 성장한 아이들이 다른 아이들과 진정한 교류를 나누고 조화롭게 어울릴 수 있는 방법을 배우는 시기는 초등학교 4학년 정도는 되어야 합니다. 그때는 아이의 인격이 성숙해서 따뜻하고 남을 괴롭히지 않기 때문에 아이들이 오히려 좋아하게 되지요. 리더십도 강해 남들을 끌고 갈 줄도 알고, 문제가 발생하면 조정자 역할도 할 것입니다.

어떻게 키워야 할지 답답해하지 마시고 오히려 어떻게 해서 딸을 그렇게 책을 좋아하고 분별력 있는 아이로 키웠는지에 대해 다른 어머님들에게 이야기해 주세요. 이제 아이는 엄마에게서 벗어나 스스로 성장하고 있습니다. 그냥 지금처럼 충분히 책 읽는 환경을 만들어주고 아이의 발달만 엄마가 방해하지 않으면 될 것 같네요.

"

이번 장에서는 각 연령대 및 발달 수준별로 우리 아이의 책읽기를
어떻게 시작하면 좋은지 살펴보려고 한다. 4단계로 발달 단계를 나
눠 각 단계별 발달 특성 및 책읽기와 관련해 겪게 되는 다양한 문제
점과 궁금증 등을 풀어낼 것이다.

"

Part
03

우리 아이
발달 단계에 맞는
맞춤형 책읽기

연령별 책읽기 발달 단계

아이는 태어나서 72개월까지 크게 네 단계의 두뇌 발달 과정을 거친다.

첫 번째는 태어나서 돌까지로, 막 걷기 시작하는 단계다. 빠른 아이는 8개월에도 걸을 수 있다. 이때 아이는 '컵'이나 '우유' 같은 일상적인 사물의 이름을 알아듣고 '안녀', '아바', '어머'와 같은 두 음절로 된 언어를 사용할 수 있다. 동물과 같은 주제를 다룬 인지 관련 책에 흥미를 보이며, 책과 처음 대면해 친숙해지는 친밀 단계다.

두 번째는 돌부터 18개월까지로, 세상 밖으로 나와서 환경을 탐색하는 걸음마 단계를 말한다. 이 시기가 되면 아이는 자꾸 밖으로 나가자고 요구하기 시작한다. 발달이 빠른 아이는 13개월 정도면 10~25개의 단어를 알고, 책의 그림을 보고 이름을 말하면 그림을 손으로 가리킬 수 있다. 또한 '과자 더', '엄마 책'처럼 두 개의 낱말을 묶어서 말할 수 있다. 책을 장난감처럼 주고 숨은그림찾기 놀이를 하면서 그림책을 많이 보여줘야 하는 놀이 단계다.

세 번째는 18~36개월로, 걸음마 단계를 졸업하고 제1반항기에 접어드는 시기다. 이때는 언어가 급속도로 발달하면서 짧은 문장을 이해하고 말할 수 있다. 될 수 있으면 그림책을 다양하게 읽어주고, 한글을 재미있게 가르쳐 책에 푹 빠지게 해야 하는 몰입 단계다.

네 번째는 36~72개월로, 지능이 급속도로 발전하는 취학 전 시기를 말한다. 완전한 어휘와 적절한 문장 구조를 터득하는 단계다. 빠른 아이들은 36개월이면 이 단계에 도달하기도 한다. 이때는 책을 읽어주는 것도 중요하지만, 스스로 알아서 책을 읽을 수 있도록 독립시키면 좋은 독립 단계다.

아이의 이러한 발달 과정은 행동과학자의 연구 조사에 의해 알려진 가장 기본적인 사실 가운데 하나인데, 72개월 이전과 이후의 성장 단계가 분명히 다르다는 것을 시사하고 있다. 즉 2~3세에 일어나는 변화는 9~10세에 일어나는 변화와는 비교할 수 없을 정도로 크다는 것이다.

예를 들어 어린 시절에는 단지 부모가 책읽는 모습만 보여줘도 책을 읽을 수 있다. 하지만 72개월 이내에 습관을 들이지 못하면 그 다음부터는 책 읽는 습관을 들이기 위해 적어도 5년 이상의 세월 동안

우리 아이 발달 단계에 맞는 맞춤형 책읽기

부모가 온갖 노력을 쏟아부어야 한다.

아이마다 발달 단계가 다르다

아이들은 대부분 일반적인 성장 단계를 거친다. 그러나 아이들 각자는 자기 나름의 속도와 방법이 있다. 어떤 아이가 이루는 데 1년이 필요한 단계를 다른 아이는 6개월 만에 이룰 수도 있다.

각 성장 단계는 다음 단계에 대한 기초가 된다. 각 단계의

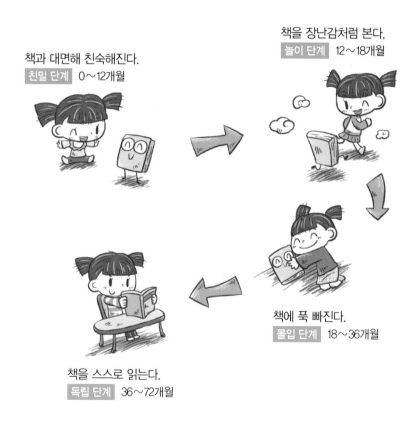

책과 대면해 친숙해진다.
친밀 단계 0～12개월

책을 장난감처럼 본다,
놀이 단계 12～18개월

책에 푹 빠진다.
몰입 단계 18～36개월

책을 스스로 읽는다.
독립 단계 36～72개월

기초가 충실하면 아이의 발달은 어른이 상상할 수 없을 정도로 빠르게 일어난다. 그러나 각각의 단계에서 아이의 발달이 느린 경우라면, 이 책에 제시된 단계에 억지로 끼워 맞춰서는 안 된다. 오히려 부작용이 클 수도 있다. 그럴 때는 개월 수를 더욱 넓게 잡아 내 아이의 자연스러운 발달 속도에 맞추는 것이 바람직하다.

Q 요즘 들어 책보다는 자꾸 밖으로 나가자고 해요

우리 딸은 지금 22개월인데, 자꾸 나가자고 졸라대서 날마다 산책을 나갑니다. 그래서 그런지 책읽기가 많이 줄었어요. 억지로 책을 읽어주려고 강요하지는 않고 아이가 하자는 대로 하다 보니 요즘은 책을 거의 보지 않아요.

그리고 우리 딸은 장난감보다는 집에 있는 물건들을 가지고 노는 걸 더 좋아해요. 수족관에 있는 물고기들을 보면 좋아하고, 집에 있는 화분들을 보고 놀고, 고무장갑을 끼고 그릇들을 꺼내서 수세미로 설거지하는 흉내도 내고요. 이 시기에 장난감을 사줘야 하는 건지, 아니면 책을 장난감처럼 가지고 놀게 해야 하는 건지 그것도 잘 모르겠습니다.

A 잘하고 계십니다. 그렇게 강요하지 않고 자연스럽게 책과 친숙하게 해주면 됩니다. 지금 시기는 나가서 산책하는 것도 아이의 발달을 위해서 아주 좋습니다. 지금처럼 그렇게 강요하지 않고 자연스럽게 책읽기를 진행하면 곧 책에 깊이 빠져듭니다.

물고기를 좋아한다면 물고기를 더욱 많이 볼 수 있게 해줘서 분류할 수 있는 기회를 주세요. 어류 도감 등 책을 통해 다시 한번 확인해 주는 것도 좋고요. 대부분의 발달이 빠른 아이들은 장난감 같은 단순한 것보다는 책을 훨씬 좋아합니다. 따라서 책을 장난감처럼 가지고 놀게 하는 것이 좀 더 바람직합니다.

돌이 될 때까지는
책과 친해지게 만드는 게 중요하다

정신분석학자인 에릭슨은 태어나서 12개월까지를 인생에 대한 기본적인 신뢰감과 행복감, 또는 반대로 불신감과 비애감을 배우는 시기라고 정의했다. 아이가 신뢰감과 행복감을 발전시키느냐, 그렇지 못하느냐는 부모가 아이에게 어떤 환경을 만들어주느냐에 달려 있다. 걷기를 배우면서부터 아이는 점점 주변 환경을 섭렵해 가기 시작하지만, 인생의 첫 1년만큼은 전적으로 부모에게 의지해야 하기 때문이다.

부모가 생애 첫해에 아이에게 만들어줘야 할 가장 중요한 환경은 아이의 눈빛을 보면서 아이의 형편을 우선하고, 조용하지만 풍부한 자극을 주는 것이다.

이 시기는 아이가 책과 친숙해지는 단계다. 이때는 부모가 아이에

우리 아이 발달 단계에 맞는 맞춤형 책읽기

게 책을 무작정 줄줄 읽어줘야 한다는 생각을 버려야 한다. 부모가 아무리 읽어주고 싶은 마음이 굴뚝 같아도 아이는 입으로 빨거나 물고, 찢고, 집어던지는 탐색 대상으로 책을 인식한다. 애초에 책을 장난감이나 모빌 대신 준다고 생각하면, 아이가 책을 빨거나 던져도 스트레스를 받지 않을 것이다.

책을 입에 물고 찢는 것은 호기심을 채우기 위해서다

아이가 책을 물어 찢고 씹는 건 입의 감각을 통해 호기심을 채우고 있는 중이라고 생각하면 된다. 이 시기의 아이들이 보이는 자연스러운 행동이다. 그래서 이 시기에는 입에 넣어도 해롭지 않은 잉크를 사용한 책을 아이에게 주어야 한다. 책을 읽어줄 생각보다는 장난감의 일종으로 책을 가지고 함께 논다는 생각을 갖는 것이 좋다.

대체 이게 뭐지?
궁금한걸.
한번 먹어 볼까?

또한 아직은 책에 흥미가 없을 수 있다. 따라서 읽어주려고 애쓰기보다는 아이가 책을 빨거나 장난감처럼 가지고 놀도록 하는 것이 좋다. 이 시기에는 책을 가지고 놀기만 해도 성공이다. 그러면서 책과 친해지는 것이므로 그것 또한 교육의 일환이다.

이 시기의 아이에게 가장 중요한 것은 신체 접촉을 통해 자신이 사랑받는다는 느낌을 갖게 해주는 것이다. 또한 엄마와의 대화를 통해 아이가 사물을 다양하게 인지하는 것이다. 책을 가지고 처음부터 다 읽어줄 생각은 접어두고, 아이가 집중하는 시간에 잠깐씩 그림 내용을 이야기해 주는 것으로 만족하자.

사랑을 듬뿍 받은 아이는 두뇌의 성장도 촉진되어 책을 빨거나 물어뜯는 시기도 훨씬 단축될 것이다. 사실 이런 행동들은 돌을 지날 무렵만 되어도 사라질 행동이다. 그때까지는 그저 마음껏 사랑해 주면서 슬쩍슬쩍 책 내용만 보여줘도 책읽는 습관을 들이는 데 전혀 문제가 없다.

대화식 책읽기, 언어 감각을 키우고 두뇌를 발달시킨다

이 시기에는 이야기책보다는 사물을 인지하고 분류할 수 있는 책을 보여주는 것이 좋다. 주변에서 흔히 볼 수 있는 동물이 나오는 그림책이나 몇 글자 안 되지만 운율이 있으면서 색이 밝고 예쁜 사물 인지 그림책이 적당하다.

우리 아이 발달 단계에 맞는 맞춤형 책읽기

푸름이가 처음 책을 접한 것은 생후 3개월 무렵이었다. 출판사 영업사원이었던 먼 친척이 가져온 그림책을 보고 푸름이가 손발을 바둥거리며 반응하자 그 모습을 신기하게 여긴 푸름엄마가 책을 사준 것이 계기가 되었다.

생후 3개월부터 모빌이라 생각하고 책의 그림을 보여주면서 빠르게 넘겨주다 보면, 생후 6개월 정도 되었을 때 본격적으로 책에 관심을 보이게 된다. 이때부터는 엄마가 책을 보면서 질문하고 답하는 대화식 책읽기를 시작할 수 있다. 대화식 책읽기는 책에 나온 글자를 막연히 읽어주기만 하는 것이 아니라 책의 내용을 소재로 해서 아이와 대화를 나누는 것이다.

"토끼가 어디에 있을까?"

– 어머나, 여기에 있네요.

"토끼 눈은 어떨까?"

– 빨간색이에요.

"토끼 귀는 어떻게 생겼을까?"

– 토끼는 귀가 아주 커다라네요.

"우리 아기도 귀가 클까?"

– 아니, 우리 아기 귀는 작고 예뻐요.

이렇게 대화를 나누면서 운율에 어울리는 동작을 곁들여주면 아이에게 감정이 이입되면서 학습과 기억에 모두 도움이 된다. 강한 감정이 동반된 경험은 기억에 보다 깊이 새겨지기 때문이다.

대화식 책읽기와 더불어 그림 속에 있는 토끼를 찾는 것과 같이 숨은그림찾기를 응용하면 언어 발달뿐만 아니라 읽기 능력도 향상된다. 우리 부부가 6개월부터 푸름이와 함께 했던 놀이가 주로 책에서 숨은 그림을 찾는 놀이였다.

엄마가 아이에게 지식을 집어넣어 주려 하거나 가르치겠다는 생각을 고집하면 위험하다. 책을 갖고 아이와 함께 놀이를 한다는 생각으로 책을 보여줘야 한다.

책을 잘 읽는 아이로 키우고 싶은 마음에 아이의 리듬을 벗어나 학습이 강요되면, 정작 책에 집중하는 시기가 오기도 전에 아이가 먼저 질려버리고 만다. 읽기도 잘 되지 않는 시기고, 엄마가 책을 보여주다가 자칫 잘못해서 책을 떨어뜨리기라도 하면 깜짝 놀란 아이는 그 다음부터 책을 무서운 대상으로 생각할 수 있다. 어쨌든 예민한 시기이므로 조심스럽게 접근해야 한다.

아이에 따라 다르지만 이렇게 놀다 보면 8~10개월 무렵부터 아이가 좋아하는 책이 생기면서 그 책만 수없이 반복해서 읽어달라고 요구하기 시작한다. 이때는 아무리 지겨워도 같은 책을 반복해서 읽어주는 게 좋다.

8개월 된 아이도 세 번만 반복하면 친숙한 단어를 인지한다는 실험 결과에서도 알 수 있듯이, 아이는 반복하면서 그 단어를 받아들인다. 단기기억에서 장기기억으로 넘기고 있는 것이다. 그런 면에서 부모는 아이가 반복해서 읽어 달라는 것을 즐거운 마음으로 받아들여야 한다. 어릴 때부터 책과 친숙해지도록 함으로써 책에 대한 사랑을 발전시키는 기초가 만들어지기 때문이다.

풍부한 언어 환경을 만들어주어라

요즘 젊은 아버지들은 변하고 있지만 아직까지도 많은 아버지들이 아이에게 책 사주기를 꺼리곤 한다. 이는 아버지 세대에는 책 없이도 공부하는 데 별 지장이 없어서였다. 그저 칠판에 선생님이 써주는 것만 달달 외워 사지선다형 문제만 잘 풀어내면 좋은 대학에 갈 수 있었고, 그 이후의 삶이 보장되어서였다.

그러나 지식정보화 사회인 요즘 시대에 더 이상 달달 외우기만 하는 암기식 교육은 무의미하다. 정보화 사회의 인재는 미리 예측되지도 않고 정해져 있지 않은 해결책이나 답을 찾을 수 있는 창의적인 인재여야 한다. 하루에도 끝없이 넘쳐나는 정보의 홍수 속에서 빨리 핵심을 파악하여 쓸모 있는 정보를 걸러내고, 여기에 상상력을 발휘하여 창의적인 생각을 만들어낼 수 있어야 한다.

오늘날 인재에게 요구되는 이러한 문제해결 능력에는 '수렴적 사고'

와 '확산적 사고'가 모두 관련된다. 수렴적 사고는 어떤 문제를 해결하기 위해 지식과 논리적 법칙을 동원하여 여러 가지 가능한 해결책이나 답들 가운데서 최종적으로 가장 적합한 해결책이나 답을 찾아내는 능력과 연결된다.

확산적 사고에는 감수성이라든가 사고의 유창성, 융통성, 독창성, 정교성, 재구성력, 과제에 대한 집착 등 창의성과 밀접하게 관련된 요인들이 포함된다.

이러한 능력은 결코 하루아침에 길러지지 않으므로 어린 시절부터 꾸준한 독서를 통해 길러야 한다.

그렇다면 정보를 빨리 읽고 받아들이는 힘은 어떻게 길러질까? 우선 어휘가 풍부해야 한다. 그런데 아이가 학원에서 몇 년 공부한다고 과연 풍부한 어휘력을 갖게 될까? 이 또한 아주 어릴 때부터 누적되지 않으면 안 되는 것이다.

나는 20년 넘게 부모 교육 강연을 해오면서 어릴 때부터 꾸준히 책을 읽지 않으면 수학능력시험에서 문제조차 제대로 읽어내지 못할 거라고 여러 번 강조했다. 실제로 상당수의 학생들이 시험 문제조차 제대로 이해하지 못한다고 한다. 평소 자연스러운 책읽기를 통한 훈련이 부족했던 까닭이다. 앞으로 수학능력시험에서 지문의 양이 많아지면 많아졌지 줄어들지는 않을 것이다. 학생들의 책읽기 습관과 부모의 독서 교육이 얼마나 중요한지 깨달았으면 하는 바람이다.

요즈음 그나마 책읽기 운동이 벌어지고, 많은 부모가 자녀들에게 책을 읽히려고 노력하는 모습이 매우 고무적이기는 하다.

어린 시절, 특히 72개월 이내에 아이가 책 읽는 습관을 갖지 못하면, 그 이후에는 책 읽는 습관을 들이기 위해 많은 노력이 필요하다.

인간은 보고, 듣고, 만지는 모든 과정을 통해 정보를 받아들인다. 시각은 태어나서 발달하지만 청각은 태내에 있을 때부터 발달해 엄마 아빠의 목소리를 듣게 된다. 그래서 태교에서 중요한 것 가운데 하나가 존재에 대한 환영과 더불어 태아에게 들려주는 태담이다.

또한 언어 습득의 첫걸음은 아이가 분명히 말을 시작하는 12~13개월째라고들 하지만, 태어난 후 처음 마주 대할 때부터 시작된다는 연구 결과도 발표되고 있다.

이처럼 아이의 언어를 발달시키기 위해서는 풍부한 언어 환경 속에서 성장하게 해줘야 한다. 따라서 부모는 아이에게 최적의 언어 환경을 최대한 만들어줘야 한다.

강연을 다니다 보면 유독 경상도 지역에서 "우리 아이는 왜 말이 늦을까요?"라는 질문을 많이 받는다. 이는 그 지역의 특성상 아빠들이 말을 별로 하지 않는 편이라, 덩달아 엄마들까지도 말을 많이 하지 않아서라는 생각이 든다.

어린아이에게는 다양한 언어적 자극이 필요하다. 이를 위해 가장 좋은 방법 가운데 하나가 바로 대화다. 말도 알아듣지 못하는 아이와 어떻게 대화를 나눌 수 있냐고 물을지 모르지만, 아이가 알아듣는다고 가정하고 한편으로는 부모의 역할을, 한편으로는 아이의 역할을 모두 하면서 대화를 나누면 된다.

이것은 언어 이전에 사회적인 규칙이나 관습의 이해가 선행되어야 한다는 것을 의미한다. 즉 대화를 나눌 때 한 사람은 말을 하고 한 사람은 듣는 것과 같은 사회적인 규칙을 먼저 배우는 것이다. 따라서 부모가 말하는 사람과 듣는 사람의 역할을 동시에 해주면 아이는 그것을 보고 배우면서 빠르게 언어를 습득하게 된다. 일상생활에서 기저귀를 갈아주거나 목욕을 시킬 때도 묵묵히 할 일만 하지 말고 아이의 감정에 초점을 맞춰 이야기해 주자.

"우리 지은이 기저귀가 젖었구나. 축축하겠다. 엄마가 깨끗한 기저귀로 갈아줄게."

"어때, 깨끗한 기저귀로 갈아주니까 기분이 참 좋지?"

이와 같은 작은 노력이 쌓이다 보면 아이는 훨씬 풍요로운 언어 환경 속에서 성장하게 된다.

처음부터 끝까지 읽어줘야 한다는 생각을 버려라

이 시기 아이들의 집중력은 그리 오래 가지 못한다. 만약 아이가 책꽂이 책을 다 꺼내와 혼자 책을 가지고 놀고 있을 때라면 굳이 읽어줄

우리 아이 발달 단계에 맞는 맞춤형 책읽기

필요가 없다. 또한 엄마가 책을 읽어줄 때 딴전을 부리기 시작한다면 바로 읽어주는 것을 멈추는 것이 좋다.

아이가 책을 가지고 놀고 있는 것 자체도 교육이다. 책을 장난감처럼 가지고 놀면서 그림도 보고 배우는 것이다. 다만, 아이가 읽어 달라고 요구할 때는 만사를 제쳐놓고 집중해서 읽어주는 게 좋다.

하지만 아이가 혼자 놀면서 집중할 때는 공연히 책을 읽어준다면서 방해하는 것보다 그 집중력을 깨지 않는 것이 현명하다.

사실 이 시기의 아이들에게 책을 읽어주려고 하다 보면 몇 페이지 같이 보고 듣는 것 같다가도 금세 딴전을 피우곤 한다. 그럴 때는 억지로 책을 읽어주려 하지 말고 멈추자. 아이가 관심을 보이지 않는데 엄마가 집요하게 계속 책을 읽어주면 아이에게는 압력으로 작용해 오히려 책에 대한 거부감을 불러일으킨다.

엄마는 책을 읽어준다는 마음보다는 책의 그림을 보면서 이야기해 준다는 느낌으로 아이를 대해야 한다. 처음부터 끝까지 읽어줘야 책을 읽었다는 생각을 갖게 되면, 아이가 딴전을 피울 때 엄마는 화를 내게 되고 그럴수록 아이는 더욱 책을 멀리하게 된다.

책을 읽어줄 때는 의성어, 의태어 등을 사용하여 "여기에 호랑이가 있구나. 호랑이는 '어흥어흥~' 하고 울지."와 같이 그림을 보면서 엄마가 대화식으로 읽어주면 된다. 아이가 열심히 놀고 있으면 그냥 놀라고 내버려두고, 아이가 기분 좋아보이는 시간에 잠깐잠깐만 읽어주자.

다만, 엄마가 아이에게 책읽는 모습을 지속적으로 보여줌으로써 긍정적인 본보기가 되어주는 것은 아주 중요하다.

아이가 원하는 대로 책을 읽어줘라

이 연령대의 학습은 자신이 이미 습득한 개념을 바탕으로 외부의 사실을 계속 받아들이는 것으로 시작된다. 즉 계속해서 새로운 자극을 원하는 것이다.

꼭 한 가지 책을 끝까지 읽어줘야 한다는 생각은 버려야 한다. 책을 읽어주는데 아이가 다른 책을 가져오면 아이가 원하는 대로 그냥 읽어주면 된다. 그러면 아이는 자기가 이미 습득한 개념과 분화된 다른 새로운 개념을 받아들이는 과정으로 넘어갈 수 있다. 이때 부모는 당연히 아이가 새로운 것을 받아들여 지적 단계를 높여갈 수 있도록 도와야 한다.

많은 엄마들이 이 시기에는 어떤 책을 보여줘야 하는지 궁금해한다. 하지만 실상 이 시기에는 그리 많은 책이 필요 없다. 그리고 책을 보여주는 것만큼 자연에 나가 다양한 사물을 보여주고 그 이름을 자연스럽게 들려주면서 끊임없이 대화를 나누는 것이 제일 중요하다.

책은 그림이 생생하고 리듬감 있는 창작동화나 개와 고양이, 나무나 꽃 등 동·식물이 나와 있는 것이면 된다. 누르면 소리가 나는 사운드북이나 플랩북도 아이의 호기심을 자극한다.

아기 때부터 책을 친구처럼 가까이 접할 수 있는 환경을 만들어주라고 하니 모유를 먹이면서도 책을 읽어주면 어떠냐는 질문을 받는다. 다시 한 번 강조하지만 이 시기에 책을 읽어준다는 건 책을 매개로 대화를 나누라는 것이다. 엄마가 책을 읽어주면 일상에서 흔히 쓰지 않는 어휘를 사용함으로써 다양하고 풍부한 어휘를 아이에게 들려줄 수 있다. 그러나 젖을 먹이면서까지 강박적으로 읽어줄 필요는 없다. 차라리 그 시간에는 엄마의 애정이 듬뿍 담긴 목소리로 노래를 불러주거나 이야기를 들려주면서 대화를 나눠보자.

이 시기에 가장 중요한 것은 아이에게 사랑받는다는 느낌을 주고 아이와 눈을 맞추면서 대화를 나누는 것이다. 부모가 반응해 준다는 걸 알면 아이는 호기심을 더욱 발전시켜 나갈 것이다.

책읽기는 엄마의 음성으로 들려주는 게 효과적이다

엄마가 계속 책을 읽어주다 보면 입에 침이 마르고 도저히 힘이 들어 더 이상 읽어주지 못할 때가 있다. 그럴 때는 보조적으로 CD나 테이프를 들려주는 것도 괜찮다. 하지만 엄마가 읽어주는 게 어떤 소리보다도 좋다는 것은 부인할 수 없는 사실이다.

엄마가 너무 힘들 때는 CD나 테이프를 이용하는 것도 괜찮지만 지나치게 이것들에만 의존하는 것은 좋은 방법이 아니다. 태어나서 12개월까지는 무엇보다 조용한 환경이 중요하므로, 일방적으로 CD나 테이프를 틀어놓으면 자칫 신경질적인 아이로 클 수도 있다.

다만 엄마가 지쳐 너무 힘든 상태거나 다른 집안일을 해야만 할 때는 CD나 테이프를 틀어놓는 것도 효과적이므로 적당히 활용하면 괜찮다.

우리 아이 발달 단계에 맞는 맞춤형 책읽기

Q 책을 너무 심하게 물어뜯고 빨아요

9개월 된 여자 아이를 둔 엄마입니다. 우리 아이는 백일 전부터 손을 많이 빨더니, 요즘은 책을 너무도 심하게 물어뜯고 빠는 행동을 보여요. 물론 지금 월령에 당연한 행동이지만, 정도가 너무 심해서 걱정이에요. 책을 주고 싶어도 하루에 10번 이상 입 속에서 종이를 꺼내야 하고, 또 제가 모르는 사이에 먹기도 하는데 어쩌면 좋죠?

또 억지로 입 속에서 종잇조각을 꺼내려고 하면, 아이가 크게 울어버립니다. 아무리 어르고 달래서 종이를 빼내려고 해도 잘 되지 않아요. 최근에는 우유팩 재질로 된 아주 두꺼운 책을 구입했는데, 그것도 마찬가지예요.

제가 걱정스러운 건, 아이를 책과 가깝게 해주려고 했는데 결국에는 아이와 씨름하느라, 오히려 하루에도 10번 이상씩 울게 만들고, 스트레스를 주는 원인이 되지 않나 하는 거예요. 또 다른 한편으로는, 책이 아이의 물고 뜯는 욕구를 충족시켜주는 방법이겠다는 생각이 들기도 하는데, 어떻게 하는 게 현명한 선택일까요?

소아과 선생님은 물고 빠는 행동이 없어지는 만2세 전까지는 책을 주지 말라고 하시네요. 하지만 그렇게 하기에는 좋은 습관을 들일 기회를 놓칠 것 같아서 망설여져요.

A 한창 물어뜯는 시기군요. 어떻게 보면 분명 물어뜯고 빨면서 욕구를 충족시키고 있는 겁니다. 그러면서 아이는 분별력을 키우는 중이지요. 조금 지나 책이 물어뜯는 게 아니라는 걸 분별하기 시작하면 그때부터는 책을 보게 될

것입니다. 물어뜯는다고 만 2세 전까지 책을 주지 않는다면 오히려 분별력은 늦게 형성될 것입니다. 책을 보여주고 엄마와 대화를 나누는 과정에서 아이의 분별력이 발달되어 간다는 것을 잊지 마세요.

너무 뜯어 먹어서, 그것 때문에 아이를 울려야 한다면 빨아도 문제가 되지 않는 친환경 잉크로 만든 책을 주면 어떨까요? 독성이 있는 잉크라면 아이의 건강에 문제가 될 수 있습니다. 무해한 잉크로 인쇄된 책은 조금 먹어도 일부러 종이를 빼려고 애쓰지 마시고 그대로 갖고 놀게 하세요. 오히려 억지로 빼려는 행동이 물어뜯는 행동을 더욱 강화할 수 있습니다.

그래도 너무 심하다면 당분간 책보다는 벽이나 바닥에 그림을 붙여놓고 사물을 인식하게 하거나, 자연에 나가 사물을 보여주고 이름을 들려주면서 아이의 분별력을 높여주시기 바랍니다.

지금 이 시기는 책을 보는 것도 중요하지만, 그것보다는 엄마 아빠와 스킨십을 많이 하고 많은 이야기를 들려줌으로써 아이가 사랑받고 있다는 것을 느끼게 해주는 것이 훨씬 중요하답니다.

12~18개월, 다양한 그림책으로
아이의 지적 호기심을
충족시키는 놀이 단계

걸을 수 있게 되면 아이는 이제까지 수동적으로 부모에게 의존하던 모습에서 벗어나 적극적으로 주변을 탐색하는 모습으로 바뀐다. 이전보다 활동 범위가 넓어지고, 끝없는 호기심 때문에 이것저것 만져 보고 들쑤셔 놓으며, 입으로 확인해 본다.

하지만 아직까지 관찰력과 판단력에는 한계가 있으므로 부모는 한시도 마음을 놓을 수 없다. 잠깐 조용하다 싶으면 어느새 부모가 상상도 못할 일을 벌이고 있을 테니 말이다. 동전이건 책이건, 감기약이건 닥치는 대로 입에 집어넣고, 화장품으로 온 집안을 찍어 바르고 다니거나 화분 흙을 뒤집어놓고, 주방 찬장의 그릇들을 다 빼놓으면서 집안을 난장판으로 만든다.

사실 이것은 아이가 자기 몸을 포함해 주변을 탐색하면서 지적 호기심을 충족시켜 가는 과정의 일부다. 아이에게 위험하지만 않다면, 이때는 지적 호기심을 충족시킬 수 있는 기회를 충분히 제공하는 것이 효과적이다.

아이는 무엇이든지 내면의 힘에 의해 스스로 할 수 있는 능력을 갖추고 자율적인 인간으로 성장한다. 그러나 부모의 기준이 좁아 실제로 위험하지 않은 상황인데도 아이를 과잉보호하거나 "하지 마.", "안 돼."와 같은 말로 아이의 행동을 계속 부정하곤 한다. 그러면 아이는 주변 환경에 대해 불필요한 공포심을 갖거나 자신에 대한 회의를 느끼며 수치심을 유발하게 된다.

이렇게 성장한 아이들은 자발성과 활력에 결정적인 영향을 받을 뿐만 아니라 사회에 적응하기 쉽지 않다. 그래서 유명한 심리학자 에릭슨은 이 시기를 자율성과 수치심이 발달하는 시기로 본 것이다.

이 시기에 부모가 해야 할 일은, 집안에 있는 위험한 물건을 아이 손이 닿지 않는 곳에 치워두는 것이다. 아이가 부정당하거나 다치지 않으면서 마음껏 뛰놀며 배울 수 있는 환경을 만들어주어야 한다. 그리고 칭찬과 격려를 통해 아이가 가지고 있는 호기심을 더욱 이끌어내는 역할을 해야 한다.

한창 활동이 증가되는 시기이므로 이전에 부모가 책을 보여주면 잘 보았던 아이들도 책을 보지 않으려 하고 자꾸만 밖으로 나가자고 조른다. 이것은 책에 대한 흥미가 없어진 것이 아니라 다른 것에 대한 흥미가 증가되었기 때문에 나타나는 현상이다. 따라서 우리 아이가 책을 싫어하는 건 아닌가 하는 걱정은 할 필요가 없다. 그저 아이가 원하는 만큼만 짬짬이 재미있는 그림책을 보여주면 책의 바다에 빠지는 시기가 곧 오게 된다.

책과 친숙해지는 단계(0~12개월)에서 보여주었던 동식물 위주의 책에서 약간 더 발전시켜 다양한 분류가 가능한 책들이 필요한 시기다. 동물, 꽃, 나무, 물고기, 버섯, 곤충, 산, 바다 등 자연의 여러 대상에 관한 인지 수준의 책들을 통해 다양한 개념에 대한 인지를 할 수 있게 해줘야 한다.

이와 더불어 여러 가지 색상과 흥미로운 내용으로 구성된 그림책을 본격적으로 보여줘야 한다. 이전 시기에는 그림책이 단지 다양한 자극을 주는 모빌과 같은 수준에 그쳤다면, 이 시기에는 좀 더 적극적으로 읽어줄 필요가 있다.

그림책은 다양한 화풍의 책을 고르는 것이 좋다. 실생활과 똑같은 사실적인 그림책만 고르는 엄마들이 있는데, 아이의 창의력을 기르고 싶다면 책의 형태나 그림의 표현 기법 등 다양한 책을 골라주는 것이 효과적이다.

그림이 주가 되는 그림책은 그 자체로도 훌륭한 예술성을 가지고 있어서 아이의 미적 감각을 키우는 데 도움이 된다. 그림책을 보면서도 부모는 그림의 세세한 부분까지 살펴 대화를 나누면 좋다. 재능 있고 상상력이 풍부한 일러스트레이터는 등장인물의 표정이나 기후, 시간대 등을 아름다운 붓터치로 아이의 눈앞에 펼쳐주는데, 이러한 소재들로 아이와 대화를 나눌 수 있다면 더할나위없이 훌륭한 그림책이다.

좋은 그림책은 다음과 같은 조건들을 만족시켜야 한다.

좋은 그림책이 되기 위한 조건

첫째, 그림이 좋아야 한다.

좋은 그림은 색채가 풍부하고 아름다우며 배경, 등장인물의 표정이나 동작 등이 생생해야 한다. 세세한 면까지 표현되어 정보량이 풍부하되, 어느 정도 정돈된 구성이 좋다.

둘째, 전해 주는 정보가 정확해야 한다.

아이가 처음에 배운 단순한 지식들이 모이면 나중에 심화된 지식을 흡수하는 데 바탕이 된다. 따라서 오류가 있거나 잘못된 지식을 전달해서는 곤란하다. 또한 아이들 책에 들어가는 내용은 비록 복잡하고 난해한 주제라도 아이들 눈높이에서 이해하기 쉬워야 한다.

셋째, 문장 수준이 아이들 눈높이에 맞아야 한다.

아이들은 부모로부터 듣는 설명이 생생하고, 다채로우며, 표현이

우리 아이 발달 단계에 맞는 맞춤형 책읽기

풍부할수록 보고 있는 그림으로부터 솟아오르는 상상력과 창의력이 풍부해진다. 또한 어려운 내용이라도 가능한 쉬운 말로 전해 주어야 하고, 유아어가 아닌 정확한 표현이 사용되어야 한다.

이렇듯 좋은 그림책은 무엇보다 그림이 좋고 문장이 간결하면서도 쉬워야 한다. 또한 어려운 주제라도 아이 수준에 맞도록 쉬운 언어로 표현되어야 한다.

간혹 엄마는 그림이 좋아서 골랐는데 아이는 쳐다보지도 않는 경우가 있다. 엄마가 좋아하는 그림과 아이가 좋아하는 그림이 서로 다르기 때문이다. 반대로 엄마는 마음에 안 들어 하는 책인데 아이는 몹시

좋아하는 경우도 있다.

아이가 자랄수록 어떤 성향의 그림책을 좋아하는지 알게 되지만, 처음에는 그림책을 고르기가 쉽지 않다. 따라서 다양한 종류의 그림책을 아이에게 보여줄 필요가 있다. 엄마가 보여준 다양한 그림책 가운데 아이는 자기가 좋아하는 책을 자연스럽게 선택하게 되고, 그 책만 수십 번씩 읽어달라고 요구할 수도 있다.

엄마 입장에서야 이것저것 다양하게 읽었으면 하는 마음이 들 테지만 그런 생각은 일찌감치 버리는 게 좋다. 아이는 지금 자기가 좋아하는 그림책을 보며 내용뿐 아니라 그림까지 흡수하고 있는 중이다. 어느 정도 흡수해서 자기 것으로 완전히 소화가 되어야 다른 그림책에 관심을 돌리게 된다.

그림책은 아이가 가지고 노는 장난감이다. 놀이터를 가든 병원을 가든 아이가 좋아하는 그림책을 가지고 다니면 아이는 큰소리로 야단을 쳐야 할 만큼 말썽을 부리지 않을 것이다. 뿐만 아니라 책을 좋아하는 아이로 성장할 것이다.

이 시기에 어떤 것에 먼저 재미를 붙이냐에 따라 아이의 미래는 달라진다. 텔레비전에 먼저 재미를 붙이면 항상 텔레비전만 끼고 사는 아이가 될 것이고, 그림책에 재미를 붙이면 항상 책을 즐겨 읽는 아이로 성장할 것이다.

그러므로 아이가 책을 보려고 할 때는, 부모는 다른 어떤 것보다 우선해 보여주고, 대화를 나누며, 숨은그림찾기 등의 놀이를 하면서 순수하게 몰입할 수 있게 도와줘야 한다.

하지만 지식을 던져 주고 싶은 욕심에 가득 차 자꾸만 그림책 보는 시간을 연장시키려고 하면 책읽기 자체를 싫어하게 될 수도 있다. 아이가 원하는 시간에만 그림책을 보여주고, 그래서 그림책은 '재미있는 것'이라는 인식을 갖게 하는 게 중요하다.

부모가 풍부한 언어 모델이 되어라

이 시기에 주의할 또 다른 하나는 부모가 풍부한 언어 모델이 되어야 한다는 점이다. 조금 느린 속도로, 조금 높은 억양에, 간결하면서도 반복적으로 풍부한 어휘를 들려줘야 한다.

예를 들어 개나리꽃을 보며, "저건 개나리꽃이야."라고만 해주면 아이는 '개나리꽃'밖에 배우지 못한다. 그러나 "저건 개나리꽃이야. 개나리꽃은 노란색이지. 개나리꽃이 꼭 종처럼 생겼구나. 봄이 되니까 노란색 개나리꽃이 피었네."와 같이 반복적으로 다양한 어휘를 확장시켜 주면 '개나리꽃'뿐만 아니라 '노란색', '종', '봄' 같은 다양한 어휘도 함께 습득할 수 있다.

이때 주의해야 할 것은 아이에게 부모의 말을 똑같이 따라하라고 강요해서는 안 된다는 점이다. 예를 들어 '엄마'라는 단어를 아이가 발성기관이 덜 발달해 '어마'하고 발음했다면, "틀렸어, 그게 아니지.

다시 한 번 따라서 해봐, 엄마." 하면서 강요할 수 있다. 이럴 경우 역효과가 일어나 당분간 "엄마." 소리를 하지 않기도 한다. 이때는 아이의 발음이 부정확해도 "응, 그래 잘했구나." 하고 인정해 주고, 그 다음에 교정된 단어를 그냥 들려주는 것만으로도 충분하다.

이 시기의 아이는 말은 잘 못하지만 부모가 하는 말은 거의 알아듣는다. "저기 가서 방문 좀 닫고 올래?" 하면 아이는 문을 닫고 온다. 따라서 많은 말을 해주고, 대화를 통해 아이와 함께 놀아주며, 사물을 분류하고 이름을 가르쳐주어야 한다. 주위에 있는 물건뿐만 아니라 자연으로 나가 사물의 다양한 이름을 가르쳐주면서 분류를 확장시켜 나간다면 더욱 좋다.

책에 흥미를 잃었다면 엄마의 태도를 점검해 본다

책을 좋아하는 아이인데 어느 날부터인가 책을 멀리하는 것 같다면, 엄마의 태도가 달라진 것은 아닌지 점검해 봐야 한다. 아이들은 작은 변화도 매우 민감하게 감지한다. 엄마가 책 읽어주는 데 소홀해진 것은 아닌지 생각해 보자.

또는 책을 읽어 달라고 했을 때 몸이 힘들어 책 대신 텔레비전이나 DVD로 아이의 관심을 유도하지는 않았는지 생각해 보자. 텔레비전이나 DVD는 책보다 자극적이다. 따라서 책보다 먼저 텔레비전이나 DVD 등 강한 자극으로 관심을 끌면 책읽기도 덜 집중하게 된다.

우리 아이 발달 단계에 맞는 맞춤형 책읽기

아니면 책보다 자동차나 공룡 등에 부쩍 관심을 갖게 될 수도 있다. 이럴 때는 아이가 관심을 갖는 분야의 다양한 책을 접하게 해주면 아이의 흥미도 유지되고 책에 대한 관심도 지속된다.

12~18개월은 매우 섬세한 시기다. 부모가 어떻게 하느냐에 따라 책읽기를 좋아하는 아이가 되기도 하고, 책이라면 질색하는 아이가 되기도 한다. 조금 힘들더라도 아이가 원하면 언제든 책을 읽어주고, 부모가 먼저 책 읽는 모습을 솔선해서 보여주자.

급하게 책장을 넘길 때는 아이의 의사를 존중한다

혼자 책을 보는 것 같은데, 보기에는 보는 둥 마는 둥 하다 곧 새 책을 꺼내오고, 또 책을 읽어주려고 하면 엄마가 그 페이지를 다 읽기도 전에 페이지를 넘겨버리는 아이 때문에 고민이라는 상담을 많이 받는다. 돌 전에 비해 책을 물고 찢는 행동이 많이 사라지고, 집중력이 나아졌다고는 해도 아직은 그리 책에 오래 집중할 수 있는 시기가 아니다. 하지만 이 시기가 되면 아이는 자기가 좋아하고 싫어하는 것에 대한 구분이 좀 더 뚜렷해지므로, 아이가 관심을 가지고 있는 것에 대한 몰입을 방해해선 안 된다.

예컨대, 동물 나오는 책에 유달리 관심을 보이고, 특정 동물이 나오는 장에서 울음소리를 흉내낸다면, 동물이 나온 큰 포스터를 벽에 붙여주고, 좋아하는 동물이 등장하는 책을 골라 책에 흥미를 갖도록 유도해보자. 한동안은 동물에만 관심을 갖고 몰두하지만, 점차 동물에 대한 관심이 다른 방향으로 옮겨가게 될 것이다. 전혀 다른 분야인 자동차가 될 수도 있고, 아니면 동물 중에서 좀 더 세분화된 공룡으로 가게 될 수도 있다.

아이가 책장을 급하게 넘기면 엄마도 그렇게 따라가면 된다. 아이가 관심이 있는 부분에서 시선을 멈추면, 아이의 흥미를 더욱 높일 수 있는 추임새를 넣어주는 것이 좋다.

더불어, 아이가 흥미를 보이는 것 자체에 대한 칭찬도 잊지 말아야 한다. 아이가 흥미를 갖는 분야를 발견했다면 이제 아이가 본격적으로 책을 볼 수 있는 실마리를 잡은 것이라 볼 수 있다.

좋아하는 책이나 페이지만 보는 것은 지극히 정상이다

아이가 좋아하는 책만 보려 하고, 좋아하는 페이지만 보려고 한다는 것은 아주 정상적인 행동이다. 아이는 자기가 좋아하는 것을 수십, 수백 번씩 반복해 보다가 어느 정도 충족되면 다음 단계로 넘어간다. 따라서 아이가 좋아하는 대상의 그림을 벽에 붙여놓거나 그런 대상이 등장하는 그림책을 골라 줘야 한다.

이 시기에 접어들면 아이가 점차 고집이 세지면서 소리를 지르기도 하는데, 이는 '자아'가 표출되는 모습을 보이는 것이다. 예컨대 "내 거야, 내가 할래."와 같은 '나'라는 단어를 많이 사용하거나 '싫어'와 같은 단어를 사용하기 시작한다면, 엄마가 기준을 조금 넓혀 아이가 해볼 수 있게 허락해야 한다. 그러면 아이의 불필요한 고집이나 떼쓰기가 줄어들게 된다.

아이가 호기심을 충족시켜 가는 과정이 엄마 입장에서는 다소 번거롭더라도 이를 이해하고 기다려 주면 아이는 점차 분별력이 생기면서 그런 행동이 줄어들 것이다.

장난감보다 책을 먼저 접하게 하라

책을 관리하는 가장 좋은 방법은 구비한 책들을 모두 아이의 눈높이에 맞춰 책꽂이에 꽂아놓는 것이다. 그리고 아이가 즐겨보는 책은 방바닥에 깔아놓아 아이가 지나다니면서 언제든 책을 집어들 수 있게 하는 것이다. 만약 아이가 자주 보지 않는다고 치우면 아이의 지성이 한 단계 뛸 때 엄마가 알아채지 못할 수도 있다.

12~18개월은 아이가 장난감에 흥미를 보이는 시기이다. 이런 시기에 너무 다양한 장난감을 사주는 것은 바람직하지 않다. 장난감이 너무 많으면 좋아하는 것 몇 개를 제외하고는 안 보이는 곳에 치워 두었다가 지루해할 무렵 한두 개씩 바꿔주는 것이 좋다.

30개월 전후가 되면 책을 무척 좋아하는 시기가 온다. 그럴 때는 아침에 일어날 때 아이 머리맡에 책이 놓여 있도록 하면 효과적이다. 아이가 책을 마음껏 보았을 때는 장난감을 널부러뜨려 놓고 마음껏 놀도록 도와줘야 한다.

밤늦도록 책을 읽어주는 것도 길어야 1년이다

책에 빠진 아이가 밤늦도록 책을 읽어달라고 할 때 책을 보고 있으면 성장에 좋지 않다거나, 늦게 자고 늦게 일어나는 나쁜 생활 습관이 생길까 걱정하는 부모들이 많다.

아이가 책을 읽으려는 것은 심리학자 매슬로의 욕구단계설로 보면 최상위의 자아실현 욕구에 해당된다. 욕구단계설에 따르면 먼저 식욕, 수면욕, 성욕 같은 본능부터 안전의 욕구, 남들로부터 인정받고 싶은 욕구 순으로 충족되기를 원한다.

아이가 책을 좋아하게 되고 책을 읽어달라고 조르는 시기에 이르면 잠이라는 본능보다는 책읽기라는 상위의 욕구를 추구하게 된다. 그래서 잠을 자는 시간이 점점 늦어지고, 새벽까지 책을 읽어달라고 조르는 것이다. 우리 부부도 푸름이를 키울 때 밤을 새워 책을 읽어주곤 했다.

지금 아이의 생활리듬을 부모가 강제로 정한다면 아이는 책 속으로 깊이 들어가지 못하고 그만큼 집중력도 감소된다. 어떻게 보면 아이는 인생에서 가장 중요한 시간을 보내고 있다. 새벽까지 읽어주면 아이는 점심 때까지 푹 잘 것이다.

힘들겠지만 아이가 원하는 리듬에 맞춰 책을 읽어주자. 그 시간은 길어 봐야 1년 정도다. 어느 정도 성장하면 자고 일어나는 것을 자신의 의지에 따라 스스로 하게 되므로 미리부터 걱정할 필요는 없다.

아이 혼자 비디오나 DVD를 보는 것은 위험하다

조기교육 열풍에 힘입어 교육용 비디오나 DVD 시장이 성업 중이다. 어떤 부모들은 하루에도 몇 시간씩 영어 비디오나 다른 교육용 DVD를 켜둔 채로 아이를 혼자 방치하기도 한다.

하지만 책과는 달리 이런 비디오나 DVD를 아이 혼자 시청하게 하는 것은 바람직하지 않다. 혼자 이러한 영상매체를 접하게 되면 아이는 상호 교류를 나누는 것에 대해 배우지 못한다. 즉 정보가 일방적으로 주어지므로 항상 수동적인 입장에서 받아들이게 되는 것이다. 비디오 같은 매체는 아이에게 자극이 매우 강하기 때문에 잘못하면 중독 현상으로 갈 수도 있다.

비디오를 보여줄 때는 반드시 엄마가 옆에서 함께 비디오의 내용을 보면서 대화를 나눔으로써 아이가 상호 교류를 배울 수 있도록 해야 한다.

푸름아빠의 책읽기 어드바이스

Q 요즘 부쩍 책보다 자동차에 더 관심을 보여요

아침에 일어나면 책부터 찾아서, 책을 읽어주면 항상 웃던 아이가 지금은 17개월이 되었습니다. 그런데 갑자기 엄마가 책을 만지는 것도 싫어하고, 책을 뒤로 던지며 책보다는 자동차에 더 관심을 기울여요. 이렇게 책을 멀리하려고 할 때 그냥 기다려야 할지, 아니면 같은 단계라도 다른 브랜드의 새로운 책을 다시 구입해야 하는지 알려주세요.

A

17개월에 벌써 자동차에 대한 관심을 가지다니 무척이나 빠른 발달을 보이네요. 아이가 좋아하는 장난감 자동차를 사주면서 자동차 이름을 가르쳐주고, 자동차가 나오는 책을 통해 책에도 관심을 갖게 해주세요. 한동안 자동차에 빠져 자동차를 분류하려고 할 것입니다. 그 분류를 배우면서 아이의 지성은 성장할 것이고, 30개월 정도가 되면 아이의 지성은 자동차에서 다른 분야로 확장되어 갈 것입니다.

지금까지 봐온 책은 어느 정도 익숙해진 것으로 보입니다. 자동차에 대한 관심을 계속 이끌어주면서 같은 단계의 새로운 책을 구비해서 아이가 볼 수 있는 범위를 넓혀주는 것이 좋답니다.

이전보다 책을 덜 본다고 걱정하지 마세요. 이전보다 활동의 범위가 더 넓어졌기에 덜 집중하는 거라고 생각하면 됩니다. 아이의 발달은 잘 진행되고 있습니다.

18~36개월, 밤새워 책을
읽고 싶어 하는 몰입 단계

걸음마 단계를 지나면서 조금씩 자아를 키워온 아이는 예전과는 다른 반항기에 접어든다. 지금까지는 얌전했던 아이라도 어느 날부터인가 "싫어!"를 연발하고, 감정이 섞인 말로 거부 의사를 분명히 밝히면서 툭하면 짜증을 내고 울어댄다.

이 시기에 아이가 유독 "싫어!"라는 말을 자주 하면서 부모에게 반항하는 것은 본격적으로 '자기'와 '자기가 아닌 것'을 구별하기 시작했다는 것을 의미한다. 그래서 이 시기에는 "내가 할래.", "내 거야." 같은 말을 자주 한다. 자신은 누구이며 자신을 만족시키기 위해서는 무엇을 해야 하는지 알기 위해 부모가 시키는 것을 부정하고 반대하면서 진정한 의미의 자아를 찾아가고 있는 것이다.

이 시기는 책의 바다에 풍덩 빠지는 시기다. 주변을 탐색하느라 책을 뜸하게 보던 아이들이 이 시기에 접어들면 정신없이 책을 읽어 달라고 조르기 시작한다.

푸름이의 경우는 17개월 무렵부터 이 시기가 찾아왔다. 그 전에도 물론 책은 좋아했지만 밤을 새워 읽어 달라고 요구하지는 않았다. 우리 부부는 책을 읽어 달라는 아이의 요구를 충족시켜 주기로 하고, 모든 것에 우선해서 책을 읽어주었다. 그러자 책과 함께 하는 시간이 늘어날 뿐만 아니라 책에 대한 집중력도 몰라보게 좋아졌다.

당시에 나는 일을 마치고 거의 매일 밤 12시가 가까워야 집에 돌아오곤 했는데, 집에 들어오면 옷도 벗기 전에 "아빠, 책!" 하며 매달리는 푸름이의 간청에 못 이겨 밤 12시부터 새벽 2시까지 책을 읽어줘야 했다. 그 이후로는 푸름엄마 차지였다. 아이가 책을 얼마나 좋아하는지 책을 읽어줄 때는 눈이 말똥말똥하다가도 새로운 책을 가지러 자리를 옮기는 잠깐 사이에 잠이 들어버리곤 했다.

우리 부부는 장장 10개월을 일주일에 사나흘씩 밤을 꼬박 새우며 푸름이에게 책을 읽어줘야 했다. 만약 이때 우리가 한글을 일찍 가르쳐야 한다는 개념이 있었다면 스스로 책을 읽게 했을 텐데, 당시에는 그런 생각을 못했다.

결국 푸름이에게 책을 계속 읽어주는 게 너무 힘들어 27개월부터 한글을 가르치기 시작했다. 이미 책 제목을 보며 어느 정도 한글을 깨친 상태라서 그리 어렵지 않았다. 29개월에는 한글을 완전히 깨쳐,

우리 아이 발달 단계에 맞는 맞춤형 책읽기

이후로는 책을 읽어준 기억이 별로 없다.

이 시기가 되면 발달이 빠른 아이들은 책을 반복해서 읽는 횟수가 현격히 줄어든다. 지식을 빠르게 흡수하기 때문에 순식간에 읽은 후 새로운 책을 요구한다. 그동안 실패 없이 성공적으로 이 단계에 진입했다면 그림책을 하루에 수십 권씩 보게 된다.

책을 굉장히 좋아하고, 책에 집중하며, 책을 빠르게 읽어내는 자녀에게 순간 두려움을 느끼는 부모도 있다. 또 앞으로 어떻게 키워야 할지 걱정스러운 마음이 들기도 한다. 하지만 전혀 두려워할 필요가 없다. 몰입할 수 있는 환경이 주어지면 그렇게 발전하는 것이 정상적인 과정이다.

아이가 책에 깊이 빠지면 많은 책을 보게 해준다

아이가 책을 좋아하는 상태에 돌입하면 부모는 아이의 지적 호기심이 계속 유지될 수 있도록 책을 제공해야 한다. 한창 책에 빠져 있을 때는 푸름이에게 보름 단위로 60권의 새로운 책을 사줘도 당해 낼 수 없었다. 이 시기에는 책에 대한 투자를 아까워해서는 안 된다. 나중에 학원을 보내거나 과외를 시킬 돈이 있다면, 차라리 이 시기에 한꺼번에 투자한다는 마음으로 쏟아붓는 게 현명하다.

아이가 좋아하는 책의 종류도 그림 중심의 그림책에서 줄거리 중심의 동화책으로 바뀌게 된다. 동화책은 순수 창작동화를 기본으로 해서 점차 단계를 높여가는 것이 효과적이다. 또한 자연동화, 과학동화, 수학동화, 명작동화, 전래동화, 위인동화와 같은 다양한 영역의 동화책도 수준에 맞게 준비해 주는 것이 좋다.

워낙 많은 동화책이 출간되고 있어 좋은 동화책을 고르기가 쉽지 않다. 동화책을 고를 때는 동화책을 전문으로 만드는 출판사, 작가 그리고 그림을 그리는 일러스트레이터가 누구인지, 그림은 얼마나 생생하며 그림과 글이 조화를 이루고 있는지 등을 꼼꼼하게 살펴봐야 한다.

또한 책을 고를 때는 텍스트의 '리듬감'을 중요하게 생각해야 한다. 구입을 해야 할지 말아야 할지 아무리 봐도 모르겠다 싶으면 우리 부부는 한번 읽어 보고 혀끝에 리듬감이 느껴지면 구입했다.

영국의 옥스퍼드대학교 연구팀은 운율과 동일음이 반복되는 단어를 통해 리듬감이 풍부한 동화책을 많이 접한 아이들은 그렇지 않은 아이들보다 글을 잘 읽게 된다는 연구 결과를 내놓았다.

엄마들은 본능적으로 아이에게 책을 읽어줄 때 리듬감이 없으면 아이가 도망간다는 것을 안다. 따라서 리듬감이 없는 책을 골랐을 경우에는 참새는 '짹짹', 고양이는 '야옹야옹' 하면서 리듬감을 만들어 책을 읽어주는 것이 효과적이다. 의성어, 의태어를 풍부하게 사용하고 좀 더 과장되게 읽어줄 때 아이가 훨씬 잘 집중하기 때문이다.

어느 단계에서든, 아이가 책에서 눈을 돌리기 전에 읽어주는 것을 멈춰야 한다. 또한 우리 아이가 책을 잘 읽었으면 하는 마음을 갖는 것은 중요하지만, 그 마음을 아이에게 들키는 순간 아이는 책읽기와 멀어진다는 것도 기억해야 한다. 책읽기가 하나의 감정적인 압력으로 다가와 즐거움보다는 의무감으로 받아들여지기 때문이다.

아이가 산만하고 책을 다 읽기 전에 자꾸만 다른 책을 가져온다면, 그것은 아직 전체적으로 이해하지 못한다는 증거이다. 이때는 내용을 줄줄 읽어주기보다는 대화식으로 재미있고 실감나게 읽어주는 게 아이의 관심을 잡아끄는 방법이다.

어휘력이 폭발하는 시기, 풍부한 언어 환경을 만들어준다

빠른 발달을 보이는 아이라면 굳이 대화식 책읽기를 계속할 필요가

없다. 전체적인 이해력이 발달하고, 자기가 좋아하는 동화책 내용을 조금이라도 바꾸거나 빼먹을 때 일일이 틀렸다며 항의하는 아이라면 줄줄 읽어줘도 별 문제가 없다. 그냥 읽어줘도 아이 스스로 상상하며 책에 집중할 수 있기 때문이다.

아이는 이야기 속에서 다음에 무엇이 나올까를 예측하는 것 자체가 가슴 설레는 일이므로, 좋아하는 이야기의 내용을 바꾼다든가 일부를 빼먹으면 싫은 내색을 한다. 책을 읽어주던 부모가 너무 졸리고 힘들어 꾸벅꾸벅 졸면, 어느새 옆에서 아이가 그 다음 내용을 줄줄 읽어내는 모습을 종종 볼 수 있다. 그런 아이라면 한글을 가르쳐야 한다.

이 시기에 아이는 어휘력이 폭발적으로 증가한다. 그래서 전혀 예상치 못한 말로 부모를 깜짝 놀라게 하곤 한다. 쇠는 달궈졌을 때 내리쳐야 더욱 단단해지듯이, 이 시기에 풍부한 언어 환경을 만들어줌으로써 언어 발달을 도와야 한다. 부모는 아이에게 많은 말을 들려줘야 하고, 아이가 궁금해하는 것에 대해 성의 있게 대답해 줘야 하며, 아이 스스로 책을 읽을 수 있도록 한글을 가르쳐 적극적으로 언어를 획득할 수 있게 해야 한다.

한글을 읽을 줄 알게 되면 책을 통해 즐거움을 발견하며 심심해할 틈이 없다. 하지만 글을 모르면 끊임없이 외부 자극이 주어지길 원하기 때문에 텔레비전이나 게임 등에 매달리게 된다.

한글을 깨치고 책을 읽기 시작하는 순간 아이의 지성은 그야말로

우리 아이 발달 단계에 맞는 맞춤형 책읽기

무서운 속도로 성장한다. 나중에는 어느 정도까지 지성이 발달해 가는지 부모조차 제대로 파악하지 못할 정도다. 그런 아이들은 또래의 지성보다 뛰어나게 앞서갈 수 있다.

따라서 한글은 일찍 가르쳐야 한다. 한글은 단지 학교에 입학해 교과서를 읽기 위한 수단이 아니다. 한글을 배워 스스로 책을 읽게 됨으로써 배움에 대한 즐거움을 일찍 깨닫게 되고, 평생 배움의 장으로 발을 내딛게 된다.

그러나 한글은 양날의 검처럼 양면성을 갖고 있다. 빠른 속도로 지성을 발전시킬 수 있는 디딤돌이 되어주기도 하지만, 재미없게 가르치면 오히려 배움에 대한 거부감을 불러일으킬 수도 있다. 그로 인해 급기야는 아이가 책을 보지 않게 되기도 한다.

책읽기가 뜸해질 때 '강요'는 독이다

책을 끼고 살다시피 하던 아이가 어느 날 갑자기 책과 거리를 두고 산책을 나가자고 하거나 다른 활동에 관심을 보이면, 많은 엄마들은 '혹시 이제 더 이상은 책을 보고 싶어 하지 않는 건 아닐까?' 하면서 걱정하는데 그럴 필요가 없다. 한동안 책을 잘 보다 어느 때는 뜸해지면서 다른 활동이 증가하고 다시 더 높은 단계의 책에 빠져드는 것은 책읽기의 과정일 뿐이다.

이 과정에서 엄마의 마음이 앞서가 아이에게 책읽기를 강요하거나 책을 잘 읽었으면 좋겠다는 마음을 들켜버리면 아이의 관심이 책으로 다시 돌아오는 시간이 길어질 수 있다. 이때는 억지로 책을 강요하기보다는 아이가 관심을 갖고 있는 것과 관련된 내용을 다룬 책들을 자연스럽게 접하도록 해주어야 한다.

아이가 동물을 분류하는 것에 관심을 가진다면, 산책을 하면서 또는 동물원에 가서 동물들을 보여주고 동물들이 등장하는 책을 주어 아이의 흥미가 깊어질 수 있게 하면 된다. 이렇게 자연스럽게 책읽기를 진행하면 곧 책에 깊이 빠져들게 된다.

아이의 책읽기는 계단처럼 발전해 가므로 어느 시기에는 마치 정체하고 있는 것처럼 보일 때가 있다는 것을 염두에 두자.

또한 DVD나 비디오는 강한 중독성을 갖는 매체로 자주 보다 보면 아이가 책읽기를 멀리 할 수 있다. 지금도 우리 부부가 후회하는 것 중 하나가 푸름이와 달리 초록이를 키울 때는 동물들이 나와 이런저런 동작을 하는 비디오를 보여주어 형보다 늦게 한글을 깨치게 한 것이다.

비디오나 DVD는 책보다 자극이 강하다. 그러므로 무분별하게 노출될 경우 아이는 책 같은 은은한 자극에는 반응하지 않게 된다.

만약 아이가 책보다 DVD나 비디오에만 몰두한다면 횟수부터 줄여야 한다. 횟수를 줄일 수 없다면 DVD나 비디오를 시청할 때 엄마가

우리 아이 발달 단계에 맞는 맞춤형 책읽기

아이 옆에 함께 앉아 비디오 내용에 대해 대화를 나누면서 교류하는 시간을 늘려야 한다. 책읽기가 확고해진 아이는 책의 몰입만큼이나 비디오도 깊게 본다. 그때는 이미 많은 정보를 다중으로 처리하고 있으므로 비디오에 몰입할 때 반대할 필요는 없다.

이때 부모가 할 일은 아이가 어떤 책에 관심을 갖는지 세심하게 관찰하는 일이다. 그리고 아이가 가장 기분 좋은 시간에 읽어주고, 아이가 그만 읽어 달라는 표정을 보이기 전에 읽어주기를 그만두면 된다.

책에 흥미를 안 보이는 아이를 위한 조언

아기 때부터 책을 읽어주고, 책을 장난감처럼 접하게 해주면서 노력했지만, 아이가 책에 별다른 관심을 보이지 않는다면, 책읽기가 아이의 관심보다는 엄마의 편의 위주로 흘러간 게 아닌지 점검해 보자.

첫째, 책을 즐겨보는 아이로 키우려면 아이가 책을 잘 읽었으면 하는 엄마의 간절함을 아이가 눈치 채게 해서는 안 된다. 아이는 놀고 싶은데 엄마의 욕심에 책을 보자고 하면 아기 때야 그냥 듣고 있을 것이다. 하지만 자신의 의지가 나오기 시작할 무렵이면 책읽기를 거부한다. 아이의 욕구가 충족되어야 책읽기도 습관이 된다.

둘째, 아이의 수준에 맞는 적당한 책이 있는지 확인해 본다. 엄마의 욕심이 너무 앞서서 아이의 수준보다 지나치게 높은 책을 읽어주면, 아이는 부담감 때문에 책읽기를 거부하게 된다.

유아 시절에는 비슷비슷한 수준의 창작동화가 여러 질 있으면 좋고, 그림책도 풍부하게 갖출 필요가 있다. 단계를 빨리 지나가는 것보다는 아이가 좋아하는 분야의 기초를 튼튼하게 다지고 한 단계씩 나아가는 것이 중요하다. 아이에게 한꺼번에 많은 책을 주기보다는 반복해서 보다가 조금 뜸해질 때쯤 조금 높은 단계의 책을 주면 그때 또 한 번 몰두하게 된다.

셋째, 자연을 충분히 경험시켜 준다. 밖에 나가는 시간을 아까워하지 말자. 자연 속에서 뛰어놀며 시간을 보낸 다음 그때 경험한 것을 자연스럽게 책을 통해 보여줌으로써 궁금한 건 책에 다 있다는 느낌을 갖게 해주면 더할나위없이 좋다. 경험 없이 책에서만 모든 것을 가르치려 하면 아이는 쉽게 받아들이지 못한다. 책읽기는 학습이 아니다. 즐거움을 깨달으면 학습은 저절로 따라온다.

아이들은 환경의 변화에 굉장히 민감하게 반응한다. 책을 잘 읽다가 동생이 생기고 나면 갑자기 책을 읽지 않는 경우도 있는데, 이는 동생이 태어남으로써 환경이 급격하게 달라졌기 때문이다. 또한 동생에게 사랑을 빼앗겼다고 느끼는 정서가 책읽기를 방해한다.

책으로 독립이 완전히 이루어지기 전까지는 아이는 작은 환경의 변화에도 일시적으로 책읽기를 멀리할 수 있다. 새로 블록을 사주거나 새로운 비디오가 들어와도 책읽기가 뜸해지곤 한다.

그러나 예전부터 꾸준히 책읽기를 해왔다면 크게 걱정할 필요가 없다. 적합한 책이 있고, 동생이 태어나도 자신의 사랑을 빼앗기지 않는다는 확신이 있으며, 부모가 책읽기를 꾸준히 격려해 준다면 곧 다시 책을 좋아하는 아이로 성장할 것이다.

아이는 똑같은 책을 반복해도 지루해 하지 않는다

아이가 매번 같은 책을 수십 번씩 읽어 달라는 것은 아주 정상적인 행동이다. 지성은 마치 계단과 같아 한동안 머무르다 어느 순간 급격한 형태로 단계를 뛰어넘는다. 아이를 키우다 보면 어느 때는 천재처럼 보이다가 또 어느 때는 둔재처럼 느껴질 때가 있다. 이는 아이의 지성이 단계를 넘어갈 때는 천재처럼 보이고, 단계에 머물 때는 둔재처럼 보이기 때문이다.

책읽기도 마찬가지다. 아이는 같은 책을 수십 번씩 읽어도 전혀 지루하다고 느끼지 않는다. 책의 내용을 소화하는 과정의 일부일 뿐이다. 외적으로 보기에 계속 한자리에 머무는 것 같지만, 내적으로는 지적인 구조가 변해 가고 반복을 통해 기초를 다지고 있는 중이다.

그러므로 아이가 요구하면 매일 똑같은 책을 읽어주는 한이 있더라도 계속 끊임없이 읽어줘야 한다. 그렇게 같은 책을 반복해서 읽다 보면 좀 더 높은 단계의 책을 읽어달라고 조르는 날이 올 것이다.

그렇게 반복하면서, 손을 뻗치면 바로 잡을 수 있는 위치에 좀 더 높은 단계의 책을 놓아두되, 절대로 강요하지는 말아야 한다.

혼자서 읽으려는 아이, 읽기 독립을 시작하려는 중이다

아이가 굳이 한글을 깨치기 전이라도 엄마가 읽어주려 하면 거부하고 혼자서 읽으려고 하는 시기가 있다. 아기 때부터 부모가 충분한 사랑을 주면서 책도 많이 읽어주었다면, 이제 아이는 부모가 읽어주는 단계를 지나 표현하고 싶은 강한 욕구가 생긴다. 혼자서 그림을 보면서 상상하고 책읽는 흉내를 내고 싶어하므로 혼자서 읽으려고 하는 것이다.

만약 아이가 책 내용을 외우고 있고 혼자서 보려고 하는 시간이 늘어났다면, 읽기 독립에 가까워졌다고 보면 된다. 이때는 조금 이르더라도 한글을 시작하는 것이 좋다. 어떤 경우보다 독립적으로 읽을 때 아이는 많은 것을 받아들일 수 있기 때문이다. 이런 때에는 아이 내면에서 이미 한글 학습이 진행된 경우도 있다.

부모는 그저 아이가 읽어달라고 하면 읽어주면 되고, 혼자서 읽겠다고 하면 읽게 놔두면 된다. 아이가 성장하고 발달하는 과정에서 놀이든 책읽기든 절정의 경험을 이끌어내지 못하면 그것은 부모가 몰라서 그런 것이다. 하지만 억지로 끌어낸다면 그건 강압이다.

책을 읽다가 질문하는 것, 아이의 지성이 발달하고 있다는 증거다

아이에게 책을 읽어주다 보면, 정상적으로 읽어주기 힘들 정도로 계속 질문을 던지는 경우가 있다. 또한 너무나 엉뚱한 질문으로 부모를 당혹스럽게 만들기도 한다.

아이의 질문에 일일이 답을 해주다 보면 리듬이 끊겨 책읽기가 방해되지 않을까 걱정하는데, 사실 '왜?'라는 질문은 아이의 지성이 발달하고 있다는 것을 의미한다. 질문이 많을수록 지성의 깊이와 폭이 넓어지는 것이다.

따라서 아무리 힘들고 똑같은 질문이 반복되어도 부모가 답해 주려고 노력하는 것이 좋다. 또한 모르면 사전을 찾아 대답해 주어, 궁금하면 언제나 책에서 찾으면 된다는 생각을 아이가 가질 수 있게 해주어야 한다.

엉뚱한 질문은 대개 아이의 기발한 상상력에서 비롯된다. 따라서 나무라거나 당황하기보다는 아이의 상상력을 수용해 주는 편이 현명하다. 상상력과 분별력은 별개로 발달한다. 상상력은 새로운 분야에 대한 도전을 할 수 있는 힘이 되어준다. 그리고 더 나아가, 그 안에서 가능한 것과 가능하지 않은 것을 구별하게 해준다.

그러므로 아이가 상상을 통해 따뜻한 마음을 갖게 하고, 분별을 통해 냉철한 이성을 함께 기를 수 있도록 부모가 도와줘야 한다.

책을 어지르는 습관, 정리정돈은 서두를 필요 없다

아이가 있는 집에 만약 먼지 하나 없이 깨끗하다면 아마 그게 더 이상할 것이다. 18~36개월 아이라면 책을 보고 던져놓거나 방을 어지럽히는 속도도 엄청날 것이다. 아이들은 순식간에 방을 폭탄 맞은 것처럼 만들어놓는다. 하지만 아직 정리정돈에 대해 강요하는 것은 바람직하지 않다. 아이가 놀 때는 상상력과 호기심이 앞서기 때문에 치울 여유가 없는 것이다.

엄마가 부득이하게 꼭 정리하는 습관을 길러줘야 한다면 정리정돈을 놀이처럼 해보는 것도 좋다. 책을 보고 난 후 얼마나 방을 잘 치울수 있는지 아이와 게임을 하고, 아이가 정리정돈하는 모습을 조금이라도 보이면 칭찬과 격려를 아끼지 않는 것이다. 나중에 점점 분별력이 생기면 정리정돈하는 것도 배우게 된다.

아이가 집안을 너무 여기저기 어지럽혀서 힘들다면 노는 공간을 만들어 거기에서는 마음껏 놀게끔 하고, 그 외의 장소는 어지르지 말라고 정중하게 요청해 보자. 엄마에게 기꺼이 협조할 것이다.

아이가 혼자 정리정돈하기를 원하면 그때는 아무리 시간이 많이 걸리더라도 느긋한 마음을 가지고 치우기를 기다려야 한다. 시간이 많이 걸린다고 엄마가 대신 치우면 아이는 자존감이 낮아지고 책임감도 기를 수 없다.

아이가 밤새워 책을 읽는다고 키가 자라지 않는 것은 아니다

책을 읽는 아이들은 주로 낮보다는 밤에 책을 보자고 조른다. 낮에는 여러 가지 활동을 해야 하니까 차분한 밤이 책읽기에는 더욱 적합할 것이다. 확실한 연구 결과는 없지만 분비되는 호르몬의 변화도 밤에 책읽기를 유도하는 것이 아닌가 생각된다.

부모마다 생각이 다르겠지만, 밤에 아이가 늦게 잔다고 해서 문제될 것은 없다고 본다. 성장호르몬이 야간에 나온다고 해서 키가 안 크면 어쩌나 싶은 생각에, 아니면 규칙적인 생활이 몸에 배게 하기 위해 억지로 아이를 재우는 엄마도 많다. 그렇지만 밤에 늦게 잔다고 해서 반드시 키가 크지 않는 것은 아니다.

만약 밤에 읽어주는 게 너무 힘들고 아이가 책에 푹 빠져 있다면, 책을 읽어주면서 한글을 가르치면 된다. 혼자 읽게 만들면 나중에 둘째가 태어나도 육아가 무척 쉬워진다. 아이는 혼자서 책을 읽으면서 스스로 지성과 감성을 발전시켜 나갈 것이고, 엄마는 둘째에게 에너지를 몰아 쓰면서 육아를 할 수 있기 때문이다.

아이가 자라면서 엄마의 결정이 아이의 발달에 중요한 영향을 미쳤다는 것을 알게 되면, 밤늦도록 책을 읽어주면서 몰입하게 한 것이 부모가 아이에게 해줄 수 있는 최선의 노력이었음을 깨닫게 될 것이다.

푸름아빠의 책읽기 어드바이스

Q 책 속에 빠져들지 못하고 엉뚱한 이야기만 해요

우리 딸아이는 책을 읽어주면 책 속 이야기에 빠져들지 못하고 계속 엉뚱한 이야기만 한답니다. 그림을 보고는 "아빠는 어디 갔어?", "오빠는 어디 갔어?" 등 이야기 진행과는 아무 상관없는 얘기를 해서 책을 읽을 수가 없어요.

초등학교 2학년인 아들은 어릴 때부터 책을 좋아하고 많이 읽었습니다. 지금도 책을 무척 좋아해요. 집에 책은 2천 권 정도나 되고요. 딸아이도 아들과 같이 책이 있는 환경 속에서 자랐는데 왜 책 속 이야기에 빠져들지 못할까요? 어떻게 하면 책 속 이야기에 푹 빠져들 수 있을까요?

A 책을 읽어주는 것은 일종의 대화입니다. 그냥 줄줄 읽어주는 것만이 능사가 아니지요. 지금 엄마의 마음속에 책을 읽혀 공부를 잘하게 하자는 학습개념이 있는지 살펴보세요. 대화를 나눌 때 한 사람이 일방으로 이야기하면 재미있을까요? 서로 맞장구치고 주고받고 해야 이야기도 즐거운 법이지요. 아이는 지금 그것을 원하고 있는 거랍니다.

아이가 "아빠는 어디 갔어?", "오빠는 어디 갔어?" 하며 흥미를 보이면 그때는 아이의 흥미에 맞춰 대화를 나누세요. 책 내용에서 어디에 갔다는 내용이 나오면 그것을 이야기해 주세요. 혹 그런 내용이 안 나오면 "너는 어디로 갔다고 생각하니?" 하면서 함께 상상의 나래를 펼쳐보시기 바랍니다. 그러다가 다시 책으로 돌아오면 됩니다.

오히려 아이와 함께 대화를 나누는 것이 책 속에 푹 빠지는 것입니다. 그렇게 한참을 이야기하면서 아이의 이해력이 높아지면, 그때는 줄줄 읽어줘도 아무런 이유를 달지 않고 들을 때가 있답니다.

엄마의 마음이 '책을 끝까지 다 읽어야 하는데……', '이렇게 이야기의 흐름이 끊기면 책 속 이야기가 전달이 안 되는데……' 하면서 아이에게 책을 읽어주면 그것은 오히려 훗날 아이가 책을 좋아하게 되는 과정 속에서 압력으로 작용할 수 있습니다. 아이는 다른 것에 관심을 가지고 엄마와 대화를 나누고 싶은데, 엄마가 집요하게 강요하는 것으로 비추어질 염려가 있기 때문이지요.

책읽기도 자연스럽게 물이 흘러가듯 가면 부작용이 없습니다. 그러나 엄마의 마음이 급해 스트레스를 받으면 나중에 아이가 책읽기를 싫어하게 된다는 것을 잊지 마세요.

36개월 이후, 읽기 독립으로 지식을 쌓아가는 독립 단계

과도기인 제1반항기를 현명하게 지나온 아이는 네 살(36~48개월) 무렵이 되면 질서의 시기로 접어든다. 언제 그랬는가 싶게 부모와 자신보다는 나이가 많은 아이들의 동의를 구하고 싶어 하고, 다른 사람들을 즐겁게 해주거나 유순하게 행동하는 데 기쁨을 느낀다.

네 살은 부모와 아이 모두에게 행복하고 즐거운 시기다. 아이에게는 자신과 자신이 사는 세계에 만족하며 부모를 사랑하는, 그야말로 황금 같은 시기인 것이다. 그러나 이 황금기는 그리 오래 가지 못한다.

다섯 살(48~60개월)이 되면 아이는 다시 혼돈의 시기로 대담하게 돌진한다. 미운 다섯 살은 흔히 '무법자'라 불린다. 친구와 노는 걸 좋아하지만 사이좋게 노는 게 아니라 싸움을 한다거나 폭력적인 행동이

뒤따르고, 대체 어디서 배웠는지 욕이나 거짓말을 하기도 한다.

다섯 살짜리 아이는 아직 소유에 대한 명확한 개념이 없다. 그저 자기가 본 것은 자기 거라고 생각한다. 그래서 남의 집에 가서 장난감을 가지고 놀다가 주머니에 그냥 넣어 오기도 한다. 부모는 아이가 도둑질을 한 게 염려되지만, 아이 입장에서 보면 절대로 도둑질을 한 게 아니다.

진저리가 날 정도로 아이가 대체 왜 이러나 싶다가도, 어느덧 아이는 여섯 살(60~72개월)의 귀엽고 믿음직한 행동을 보이는 시기에 접어들게 된다. 신뢰와 안정을 보이고, 자기 확신이 생기며, 온순해지고 우호적이며, 다른 사람과의 관계도 잘 이끌어간다.

아직은 엄마가 세계의 중심이고, 엄마 옆에 있는 게 좋으며, 엄마를 위해 무엇을 한다든가, 엄마와 무언가 함께 하는 것을 기뻐한다. 하지만 아이는 서서히 가정의 울타리에서 벗어나 친구를 사귀고, 사회 경험을 하고 싶어 하며, 넓은 세상 속으로 나아가고자 한다.

취학 전 시기인 4~6세까지는 아이들마다 각각 발달 단계가 다르

연령에 따른 발달 구분

고, 심리학적 차이도 크다. 그러나 동일시를 통해 사회화를 준비해야 한다는 것과 확고한 자아를 확립해야 한다는 공통의 발달 과제를 가지고 있다.

36개월이 지나면 본격적으로 책읽기 독립을 준비해야 할 시기다. 이전 단계까지 충실하게 책읽기가 진행되었다면 한글을 익히고 스스로 책을 읽을 수 있다. 이때 한글을 배웠다고 부모가 읽어주기를 당장 그만두어서는 안 된다. 계속 읽어주되 혼자서 읽을 수 있도록 독립의 과정을 주어야 한다.

읽기 독립의 과정에서는 책의 수준을 높이기보다 오히려 한두 단계 내려오는 것이 좋다. 수준을 낮춰 자신감을 갖게 하는 게 중요하기 때문이다. 이때 글자가 큰 그림책 등을 활용하는 것도 바람직하다.

읽기 독립, 칭찬과 격려로 이끌어준다

대부분의 엄마는 아이가 이전에 읽은 책과 비슷한 수준의 책을 다시 사주는 걸 좋아하지 않는다. 경제적인 이유도 무시할 수 없어 비슷한 수준의 책을 새로 사주기를 꺼리는데, 이런 생각이 아이의 책읽기 독립을 방해한다. 왜냐하면 전에 읽은 책은 엄마가 다 읽어준 것이라 이미 내용을 알고 있어서 힘들게 글자를 읽으려 하지 않기 때문이다.

이제까지 보지는 않았지만, 아주 쉽고 새로운 책을 사줘야 아이가 글자에 대한 관심을 갖게 된다. 그런 책을 가지고 "두 줄 중 한 줄은 엄마가 읽어줄게. 네가 한 줄만 읽어 볼래?" 하면서 혼자 읽기를 유도해야 한다.

아빠를 동원하면 효과는 더 커진다. 지나가면서 "엄마가 그러는데, 혼자서 그렇게 책을 잘 읽는다면서? 참 자랑스럽구나."라고 칭찬해 주면 얼마 지나지 않아 혼자서 책을 읽고 있는 아이를 발견할 수 있을 것이다. 물론 이것은 칭찬과 격려로 아이의 읽기 독립을 이끄는 일종의 과정이다.

이런 과정을 1년 정도만 제대로 거치면 읽기 독립을 할 수 있다. 독립이 이루어지면 그 후에는 부모가 일부러 책을 읽어줄 필요가 없다. 부모가 읽어주려고 해도 혼자서 보는 속도가 훨씬 빠르기 때문에 오히려 싫어한다.

반면 부모가 읽기 독립 과정을 게을리하고 계속 읽어주기만 하면, 아이가 듣기는 잘 듣는데 혼자서는 보지 않으려고 한다. 엄마가 "네가 한번 읽어 볼래?" 하면 "엄마가 읽어줘." 하면서 혼자 읽기를 거부하는 것이다. 이것이 계속되면 정보를 받아들이는 속도가 혼자서 읽는 아이보다 현저하게 늦어진다.

푸름이가 속독을 하게 된 것은 푸름엄마가 경제적으로 어려운 와중에도 낮은 수준의 책을 여러 질 구비해서 기초를 다지게 한 후 스스로 읽을 수 있게끔 독립시켰기 때문이다. 물론 책읽기 독립 이전에 정서의 독립이 이루어져야 책의 독립도 순조롭게 진행된다.

이것만 알면 읽기 독립 백전백승!

그렇다면 아이의 읽기 독립을 위해 부모가 알아두어야 할 것에는 무엇이 있는지 살펴보자.

첫째, 소리 내어 읽으라고 강요하지 않는다.

아이 스스로 엄마에게 자랑하고 싶어서 소리 내어 읽거나, 한글의 음가를 배우기 위해 소리 내어 읽는 것 정도는 괜찮다. 그러나 책을 제대로 읽는지를 확인하기 위해 엄마가 소리 내어 읽으라고 강요하면, 아이는 내용을 제대로 이해하지 못한다.

어른도 신문을 읽을 때 소리 내어 읽으면 무슨 의미인지 정확하게 파악하기 어렵다. 소리 내어 읽을 때는 눈으로 보는 감각의 영역과 소리 내어 읽는 운동의 영역이 동시에 작용해야 하므로 두뇌가 혼동을 일으킬 수 있기 때문이다. 여자아이는 책을 소리 내어 읽도록 강요해도 언어를 다중으로 처리할 수 있는 능력이 있어 부작용이 별로 없지만, 남자아이는 잘못하면 말더듬이를 만들 수 있다.

둘째, 틀리게 읽을 때마다 지적해서 흐름을 끊지 않는다.

아이가 책을 읽다 보면 명사는 읽지만 조사를 빼먹는 경우가 있다. 그러나 조사 등을 빼먹는 것은 속독으로 넘어가는 중간 단계에서 나오는 자연스러운 현상이다. 지적하지 않고 그냥 두면 아이 스스로 수

정하면서 읽기를 발전시켜 나간다.

셋째, 지나친 내용 확인은 책읽는 흥미를 떨어뜨린다.

아이가 스스로 책을 보는 모습을 살펴보자. 아이는 굉장히 빠른 속도로 책장을 넘기고 있을 것이다. 워낙 빠르게 책을 보니까 혹시 저걸 알고 보나 모르고 보나 싶어 확인하게 되는 게 부모의 마음이다. 책 내용을 이해하지 못한다면 아이에게 책의 검은 것은 글씨고 흰 것은 여백일 뿐이다. 그런 상태에서는 절대 스스로 책을 집지 않는다.

책을 보고 있으면 부모는 아이가 이해한다고 믿어야 한다. 이것을 의심해서 자꾸 확인하다 보면 엄마에게 대답도 안할 것이고, 책도 덜 볼 것이다. 푸름엄마는 이 원리를 알면서도 부모 마음이 그런 게 아니다 보니 초록이에게 한번 확인해 보려다 한방 얻어맞은 적이 있다.

"엄마, 어린아이는 다 읽어도 반밖에 몰라요."

그래서 같은 책을 수십 번씩 반복해서 읽으려 하는 것이고, 엄마가 책을 읽어주겠다고 하면 자기가 좋아하는 책만 끊임없이 가지고 오는 것이다. 엄마의 입장에서야 답답할 노릇이다. 좀 더 다양하게 읽히고 싶은 마음은 굴뚝같은데, 매일 똑같은 책만 가져오니 말이다.

하지만 아무리 답답해도 꾹 참고 읽어줘야 한다. 아이는 지금 반복을 통해 지식을 소화시키는 중이다. 이 과정이 끝나야만 다음 단계로 넘어갈 수 있다. 한 단어를 받아들이기 위해서 아이는 적어도 수차례에서 수십 수백 차례 반복해서 보아야 하는 것이다.

책을 스스로 읽게 되면 고집을 부리거나 떼쓰는 일이 거의 사라진다. 책을 통해 언어뿐 아니라 도덕적 · 사회적 판단을 알아가기 때문이다. 지성뿐만 아니라 감성이 함께 성장하는 것이다.

아이가 스스로 책을 볼 수 있는 단계까지만 끌어올려 주면, 그후에는 보고 싶은 책만 사주면 된다. 취학 전에 책읽기가 된다면 학교에 들어간 뒤의 학습은 걱정할 필요가 없다. 이미 책을 읽으면서 학습에 대한 준비를 끝냈기 때문이다.

이전 단계에서 창작동화나 전래동화, 자연을 이야기로 전하는 자연동화, 과학동화, 수학동화, 이해하기 쉽게 구성한 명작동화, 위인동화 같은 책을 충분히 읽어주었고, 아이도 한글을 깨우쳐 스스로 책을 본다면, 이제는 자연의 원리를 전하는 원리과학이나 역사동화, 위인동화, 문화동화 같은 한 단계 높으면서도 추상적 사고를 필요로 하는 책을 읽게 하는 것이 좋다.

역사동화, 위인동화, 문화동화 중에서는 역사동화를 먼저 읽게 하는 것이 좋다. 역사를 통해 시대의 흐름을 알게 되고, 그 흐름 속에서 인물을 이해하며, 그 시대를 담고 있는 문화에도 흥미를 갖기 때문이다. 이처럼 시대와 동떨어진 게 아니라 역사동화 속에서 그 배경을 알고 위인동화와 문화동화를 읽을 수 있도록 배려해야 한다.

　그후에는 아이의 취향에 맞춰 어떤 책을 읽게 하더라도 상관없다. 이미 책읽기가 독립된 아이는 스스로 책을 고를 수 있는 능력이 있으며, 더 이상 읽힐 만한 전집류도 별로 없다. 그때는 단행본으로 단계를 계속 높여가면서 자연스럽게 아이의 발달에 맞추면 된다.

　그러나 72개월이 지나도 책에 대한 독립이 이뤄지지 않았다면 아래 단계로 내려가 처음부터 다시 시작해야 한다. 책을 통한 교육은 부모의 결단과 인내심을 필요로 한다. 책읽는 습관을 들이지 못했다면, 남들이 뭐라고 하건 아주 낮은 단계로

내려가 처음부터 다시 시작해야 한다.

부모의 지극한 정성이 뒷받침된다면 얼마 지나지 않아 아이의 책읽는 단계는 빠르게 성장할 것이다. 그러나 겨우 몇 달 시도해 보고 우리 아이는 안 된다고 단정해 버리면, 그후에는 어떻게 손써 볼 도리가 없다.

엄마의 조급한 마음을 들키면 아이는 책에 몰입할 수 없다

아이가 또래에 비해 앞서가는 것처럼 보여도 진정으로 좋아서 책을 읽는 것이 아니라면 장기적으로 책을 좋아하는 아이로 자랄 수 없다. 흔히 엄마의 마음이 책보다는 학습에 먼저 가 있는 경우 나타나는 현상이다. 기능적인 교육은 성과가 눈앞에 보이기 때문에 그때그때 결과를 확인할 수 있지만, 책읽기는 바로 그 효과를 확인할 수 없다.

그래서 엄마가 조급한 마음에 책읽기를 강요할 수도 있는데, 이때 아이는 마음에 부담을 느끼게 되어 책에 몰입할 수 없게 된다. 엄마가 관심을 가지고 이것저것 시키니까 마지못해 책은 읽지만 진정으로 몰입할 수 없는 것이다.

거듭 반복하지만, 책을 좋아하는 아이로 키우려면 절대로 아이가 책을 읽었으면 하는 엄마의 마음을 아이에게 들켜서는 안 된다. 강요는 빼고 오로지 적합한 환경만 만들어주어야 한다. 그렇게 기다리면서 책 읽는 아이에게 칭찬과 격려를 아끼지 말아야 스스로 흥이 나서 읽게 된다.

책읽기는 습관을 들여야 오래간다. 완전한 읽기 독립이 되지 않은 상태에서 학습이 먼저 가면 아이는 쉽게 싫증을 낼 수 있다. 엄마가 좀 더 넓은 시각으로 바라보고 아이가 재미있어 하는 책을 고르게 하자. 엄마보다는 아이가 주도적으로 책을 선택하도록 유도해야 더 흥미롭게 책읽기를 할 수 있다.

그런데 엄마가 잠깐 한눈파는 사이 아이가 텔레비전 만화나 비디오에 빠져버렸다면, 다시 책을 읽게 하기 위해서는 더 많은 정성과 시간이 필요하다.

이때는 먼저 아이의 마음을 인정하는 것이 중요하다. 무조건 못 보게 막을 게 아니라 "넌 만화가 제일 좋은 거구나." 하면서 아이의 마음을 인정해 주면 아이는 마음을 열고 대화할 준비를 한다.

일단 아이의 마음이 열릴 때까지 기다렸다가 "그런데 이런 면이 엄마의 마음에 걸린다."며 엄마의 걱정을 짧게 이야기하고, 어른으로서 규칙을 제안해 본다.

'만화는 한 시간만 볼 것.' 이라든가 '평일에는 책을 보고 만화는 일요일만 볼 것.' 등 한두 가지 조건을 아이에게 제안하는 것이다. 아이가 엄마의 제안을 받아들이면 스스로 정한 약속이므로 지키기 위해 노력할 것이다.

이때 야단을 쳐서 고치려고 하면 아이는 쉽게 약속을 어길 수 있다.

극단적인 조치를 취해야 한다면, 야단을 치는 대신 차라리 텔레비전을 당분간 없애 단호한 모습을 보여주는 편이 낫다. 엄마의 말이 곧 법이라는 인상을 주든가, 엄마의 행동과 언어가 일치한다는 것을 아이에게 알려주어야 한다. 일관성 있게 아이를 가르친다면 몇 달만 지나도 달라질 것이다.

만화나 비디오가 아니라고 해도 아이가 바깥 활동이 많아지기 시작하면 친구들을 사귀게 되고 정신없이 노는 데 푹 빠지게 된다. 사실 이 연령대 아이들과 어울려 노는 게 그렇게 나쁜 것은 아니다. 함께 놀면서 협동심도 기르고 사회성도 발전시킬 수 있다. 다만 같이 어울리는 또래 아이로부터 욕과 폭력을 배울 수 있으므로 부모가 일정한 시간 제한을 두는 것이 낫다고 본다.

책읽는 습관이 완벽하게 몸에 밴 경우라면 걱정할 필요가 없지만, 그 전에는 놀이할 때 아이와 시간을 정해 놓고 그 시간 동안만 놀다가 오라고 이야기하자. 아이가 느끼는 놀이의 즐거움을 엄마가 먼저 이해하는 모습을 보이고, 아이와 상의해서 몇 시까지 놀자는 약속을 한 다음 그 시간을 지키도록 하는 것이 바람직하다. 그래야만 저녁에 지치지 않아서 책을 볼 수 있는 시간을 만들 수 있다.

특정 분야의 책을 좋아하는 아이에게 '강요'는 금물!

많은 부모들이 특정 분야의 책에만 몰입하는 자녀에 대해 걱정하곤

우리 아이 발달 단계에 맞는 맞춤형 책읽기

한다. 그러다 보니 억지로라도 다양한 분야의 책을 읽히려 한다. 그런데 책읽기는 아이가 원하는 대로 물 흐르듯 가야지 엄마가 정해 놓고 자꾸만 엄마의 의지대로 강요하면 점점 집중력이 떨어진다.

책을 정해 놓고 읽히면 엄마는 일방적인 교사의 역할로 한정된다. 부모는 일방적인 교사가 되어서는 안 된다. 부모는 변화의 중계자로서 환경을 만들어주는 역할을 해야 한다.

아이는 처음에 자기가 좋아하는 책을 수없이 반복해서 보지만, 어느 정도 내용을 반복하고 나면 현저하게 반복 횟수가 줄어들 것이다. 이것은 책을 다 봤다는 증거다. 더 이상 반복해서 보지 않을 때 다시 수준이 비슷한 다른 책을 주면 또다시 무섭게 반복해서 본다. 지식이 늘어나면서 반복해서 보지만 흡수하는 힘이 강하기 때문에 이전처럼 두고두고 반복하지는 않는 게 보통이다.

이제는 아이 스스로 원하는 책을 자연스럽게 보도록 내버려두는 것이 좋다. 이미 너무 많이 봐서 자주 손이 가지 않는 책은 책장에서 좀 더 높은 곳에 배치하고, 새롭게 볼 수 있는 책은 아이의 눈과 손이 쉽게 닿는 곳에 배치해 보자. 그러면 아이는 전에 보지 않던 책에도 관심을 기울일 것이다.

한글을 다 뗐는데도 읽어달라는 아이, '격려'가 답이다

어릴 때부터 책을 꾸준하게 읽어주고 일찍부터 책을 접하게 해서 책도 좋아하고, 엄마 아빠도 꾸준히 책읽는 모습을 보여주어 모범을 보이고, 한글까지 떼었다 치자. 그런데 여전히 책을 읽어달라고 조르기만 하고 스스로 혼자 읽을 생각은 하지 않는다면 부모로서 참 답답할 것이다.

이런 경우 책읽기에 있어서 아이의 호기심보다는 엄마의 마음이 앞서 갔을 가능성이 크다. 놀이도 마찬가지지만 책읽기도 아주 어릴 때는 엄마가 읽어주는 게 정상이다. 아이의 관심이 허락하는 범위에서 읽어주는 횟수를 높이다가 아이가 어느 정도 책에 관심을 갖게 되면 그때는 점점 읽어주는 횟수를 줄이면서 아이 스스로 읽을 수 있도록 격려해야 한다. 그런데 이런 과정에서 엄마의 마음이 너무 조급해서 아직 스스로 책읽을 준비가 돼 있지 않은 아이를 기다리지 못했을 경우, 아이는 스스로 읽으려는 마음이 사라진다.

아이가 책을 잘 읽었으면 하는 마음이 간절하다면, 차라리 엄마가 먼저 아이의 책을 읽으면서 "왜 이렇게 재미있을까?" 하며 분위기만 잡아야 한다. 아이가 "뭐가 그렇게 재미있어?" 하고 물어올 때 "엄마가 읽고 있는 책인데 너무 재미있는 거 있지?" 하고 슬쩍 분위기만 띄워도, 아이는 관심을 갖게 된다.

또 다른 방법으로 책읽기 놀이도 효과적이다. 아이가 좋아할 만한 책을 가지고 엄마와 아이가 한 줄 한 줄 읽기 놀이를 하면서 누가 잘

우리 아이 발달 단계에 맞는 맞춤형 책읽기

읽는지 내기를 하는 것이다. 이때 엄마가 가끔 가다 이겨야지 매번 이기면 안 되고 그렇다고 매번 져서도 안 된다.

아니면 군것질거리를 사줄 때 포장지를 읽으면 사준다거나 아빠더러 아이에게 편지를 쓰게 하는 것도 좋은 방법이다. 예를 들어 이렇게 해보는 것이다.

'사랑하는 민서야! 오늘 먹고 싶은 것이 있으면 여기서 한번 골라 볼래? 피자, 바나나, 아이스크림…….'

아이가 좋아하는 것을 적어놓고 그것을 읽으면 아이가 고른 것을 꼭 사다 줌으로써 읽기 연습을 시켜보자.

중요한 것은 엄마가 아이에게 책을 읽혀야 한다는 강박관념에 사로잡히면 엄마도 아이도 힘들다는 것이다. 그런 마음을 가지고 있다면 떨쳐 버려야 한다. 그래야 아이도 책읽기를 즐겁게 받아들일 수 있다.

아이가 더 읽어달라며 스스로 읽는 습관이 아직 배지 않았다면, 책읽기 독립까지는 좀 더 시간이 필요하다. 이때는 조급한 마음을 버리고 계속 읽어주면서 쉽고 재미있는 책부터 스스로 볼 수 있도록 유도해야 한다.

읽기 독립을 할 때는 쉬운 책부터 시작해 자신감을 갖게 하는 것이 가장 좋은 방법이다. 만약 그렇게 해도 안 되면 정서적인 원인이 있는 건 아닌지 세심하게 살펴볼 필요가 있다.

간혹 우리 아이가 한글을 거의 뗐다, 또는 70퍼센트 정도 떼었는데 글을 왜 혼자 읽지 않는지 모르겠다고 불평하는 엄마들이 있다. 하지만 70퍼센트만 글자를 아는 아이가 혼자서 완벽하게 읽을 수 없는 것은 너무나 당연한 일이다. 한글은 100퍼센트 다 떼어야 뗀 것이다.

만약 아이가 한글을 떼는 과정에 있다면 어떤 글자를 모르는지 찾아내어 일상에서 놀이를 통해 가르쳐주는 것이 좋다. 제목을 읽는 놀이라든가, 아니면 녹음기를 가지고 아이가 읽는 것을 녹음하면서 다시 들어 보는 놀이를 하든가, 아이가 재미있어 하는 방법 등을 찾아내어 놀이처럼 가르쳐 보자.

엄마의 마음이 급해서 아이가 책을 읽을 때 손으로 짚어가면서 읽어주는 것 이외에 다른 생각을 하지 못하면, 아이는 책읽기에 대한 흥미도 한글에 대한 흥미도 떨어질 것이다. 손으로 짚어가며 읽어줄 때 이미 엄마의 마음속에 강하게 자리잡은 '학습'에 대한 신념이 아이에게 전달되기 때문이다. 제목 정도만 손으로 짚어가면서 읽어주자.

더불어, 아이가 좋아하는 관심사에 따라 한글을 똑 떼는 다양한 놀이 방법을 생각해 보자.

아이의 책읽기에 의심의 눈초리를 보내지 마라

아이가 혼자 책을 열심히 읽으면 부모는 기특하고 대견한 마음이 들 것이다. 하지만 그와 더불어 '과연 이 아이가 저 책의 내용을 이해는 하고 있는 것일까?' 하는 의문도 든다. 눈으로 그림을 보면서 글자를 읽는 것 같기도 하고, 글자 한두 줄은 가끔씩 가뭄에 콩 나듯 소리도 내가면서 읽는다. 엄마가 읽어주겠다고 하면 자기가 읽겠다고 말하지만, 또 금세 아무 소리도 내지 않고 그림과 글을 번갈아 보고 있다. 어떤 페이지는 자세히 들여다보고 있고, 어떤 페이지는 쓱 넘기기도 하고, 한 권의 책을 뚝딱 넘기고는 다 읽었다고도 한다.

얼핏 페이지만 성의없이 넘겨보는 것처럼 느껴지고, 그러면 답답한 부모가 묻는다. "그 책은 어떤 내용이니?"라고 말이다. 이것은 아이의 책읽기에 찬물을 끼얹는 소리다.

책을 많이 읽어 속독을 하면 얼핏 페이지 넘기기에 급급한 아이처럼 보인다. 이때 엄마가 소리 내어 책을 읽으라고 요구하면 아이는 거부할 게 분명하다. 소리 내어 읽으려면 책 내용을 이해하지 못하고 힘들기 때문이다. 다시 또 이야기하지만 눈으로 보는 것은 감각의 영역이고 소리를 내어 읽는 것은 운동의 영역이다. 소리 내어 읽도록 강요하면 감각의 영역과 운동의 영역이 동시에 작용해야 하기 때문에 아이의 두뇌는 혼란스러워진다.

이 단계에 접어들게 되면 엄마는 그저 아이의 책읽기를 방해하지 않는 것만으로 충분히 역할을 다 한 셈이다.

독후 활동, 독서 자체에 흥미를 잃게 할 수도 있다

책과 친해지고 충분히 읽어야 한다고 하니 책을 읽은 다음에 독후 감 쓰기를 독려해야 하는지 궁금해하는 엄마들이 많다. 물론 어느 정도의 독후 활동은 바람직하다.

하지만 어린아이에게 독후감 쓰기는 강요하지 말아야 한다. 아이가 책에 확실히 빠지기 전에 다른 활동을 강요하면, 독서 자체에 대한 흥미를 잃을 수 있기 때문이다. 그 대신 책에 관해 이야기를 나누거나, 엄마가 제자가 되고 아이가 선생님이 되어 이야기를 들려 달라고 부탁해 보자.

엄마가 보기에는 책을 좋아한다는 생각이 들지만, 완전하게 읽기 독립이 되어 있지 못한 상태라면, 조금 게을리 하는 사이 아이는 금방 다른 것에 빠지게 될 수도 있다. 완전한 읽기 독립이 이루어지기 전까지는 방심하지 말아야 한다. 아이가 혼자 보려고 할 때 엄마가 일부러 읽어줄 필요야 없지만, 읽어달라고 요구할 때는 꼭 읽어줘야 한다. 그렇다고 일부러 읽어주면 오히려 독립심만 해치게 되므로 주의가 필요하다.

일단 책 읽는 습관이 완전히 몸에 배면 그때는 아이가 무엇을 하든 신경 쓸 필요가 없다. 책에 몰입된 아이는 게임을 하거나 텔레비전을 보다가도 책으로 돌아오기 때문이다. 그리고 이런 아이는 어떤 상황에서도 스스로 성장할 수 있다.

우리 아이 발달 단계에 맞는 맞춤형 책읽기

어쨌든 여덟 살까지는 전력을 다해 책읽기를 해야 한다. 영어도 영어 그림책을 통해 시작할 때 가장 빠르면서도 부작용이 없다. 책 읽는 습관이 완전히 다져져 흡수할 수 있는 능력을 갖게 된다면, 그 다음에는 엄마가 원하건 아이가 원하건, 원하는 것을 하게 하면 된다. 운동이든 피아노든, 그 어떤 것을 해도 아이는 흥미를 갖게 될 것이다. 배움이 즐겁기 때문에 어떤 것을 해도 즐겁게 받아들인다. 인성도 책을 읽으면서 길러진다.

책을 좋아한다고 사회성이 떨어지는 것은 아니다

일찍부터 책과 친해져 진정한 책읽기의 즐거움에 빠진 자녀를 둔 부모라면 아이가 보이는 행동에 필요 이상의 걱정과 의심을 하는 경우가 있다.

배려 깊은 사랑과 책 속에서 성장한 아이들은 정서적으로나 지적으로 충만한 성장을 하게 된다. 이런 아이들이 또래보다 지적 수준이 높아지는 것은 당연한 일이다. 그러므로 어떤 경우에는 아이들과 몸을 부딪치며 노는 것보다는 오히려 자신의 지적 욕구를 충족시킬 수 있는 행동을 하게 된다.

예컨대 아이들과 조금 어울려 노는가 싶다가도 곧 책을 읽거나 그림을 그린다. 이런 아이들은 다른 아이들과 어울려 놀지 않아도 심심

함을 느끼지 못한다. 이미 자기 스스로 놀면서 배우는 방법을 터득했기 때문이다.

하지만 부모들은 아이들과 어울려 놀지 않으므로 사회성이 떨어진다고 걱정한다. 그래서 억지로 아이들과 어울려 놀 기회를 만들기도 한다. 사회성이란 꼭 아이들과 어울려 놀아야만 길러지는 게 아니다. 부모와의 전인적인 관계에서 상호 교류를 나눈 경험이 아이의 사회성을 쌓는 기초가 된다.

진정한 사회성이란 무리를 지어 어울리라는 개념이 아니다. 진정한 사회성을 기르려면 첫째로 남을 배려하는 마음이 있어야 하고, 둘째로 아이 자신이 독립적이어야 한다.

타인에 대한 배려는 부모의 배려로부터 배우는 것이다. 너무 이른 나이에 아이들과 어울리도록 강요하면, 아이의 마음에 지울 수 없는 상처를 줄 수도 있다. 오히려 상처받는 기회를 줄이고, 부모가 더욱 사랑하고 배려하면, 초등학교 4학년 정도만 되어도 마음에 맞는 친구들과 어울려 놀면서 깊은 우정을 나눌 수 있는 성숙한 아이로 성장하게 된다.

그런데 이것은 시간이 지나야만 알 수 있는 사실들이다. 우리 부부가 푸름이를 키우면서 제일 염려했던 부분도 사실 사회성이다. 푸름이가 초등학교 6학년 때, 푸름이 반 친구들이 우리 반에 인격자가 있는데, 그 이름이 푸름이라고 하는 소리를 들은 적이 있다.

그때 칼 비테의 아버지가 했던 '어린 시절에 아이들과 너무 어울려 놀게 하면 욕설과 폭력을 먼저 배운다.'는 말이 무엇을 의미하는지 확실히 깨닫게 되었다. 현재 우리 부부가 푸름이의 능력 가운데 가장 뛰어나다고 느끼는 부분은 바로 사람의 마음을 읽고 배려하는 사회성이다.

자녀 교육을 하다 보면 부모가 들어올 때와 빠질 때가 있다. 지금까지 열심히 아이를 끌고 왔다면 어느 순간에는 한 발자국 빠져나와 아이 스스로 내면의 힘을 키울 수 있는 환경만 만들어주면 된다. 부모의 굳건한 신뢰 위에서 아이가 성장한다는 사실을 잊지 말자.

책읽기는 '대화'이자 '소통'이다

책을 읽어주는 것은 아이와 나누는 일종의 대화다. 그냥 줄줄 읽어주는 것만이 아니라 맞장구도 치고 서로 이야기도 왔다갔다해야 즐거운 법이다.

책에서 무언가 먹는 내용이 나오면 음식에 대해 이야기해 주고, "너는 무슨 음식을 제일 좋아하니?" 하면서 함께 음식과 관련된 이야기를 펼쳐보기 바란다. 그러다가 다시 책으로 돌아오면 된다. 이렇듯 책을 통해 아이와 함께 대화를 나누다 보면 아이의 창의력도 쑥쑥 자라나고, 스스로 사고하는 능력도 키워가게 되며 책 내용에도 자연스럽게 푹 빠지게 된다.

책을 읽어주다 보면 아이가 책 속의 등장인물을 자신이나 주변의 알고 있는 인물로 바꿔 읽어달라고 하기도 하는데, 이는 아이의 상상력이 풍부하다는 것을 의미한다. 우리 부부도 푸름이에게 책을 읽어줄 때 푸름이를 주인공으로 해서 책을 읽어준 적이 많다.

주인공을 바꾸어 책을 읽어주면 아이는 주인공에게 자신의 감정을 이입해 마음껏 상상의 날개를 펼치게 된다. 등장인물이 복잡하다면 엄마가 먼저 바뀐 등장인물을 충분히 숙지한 다음 읽어주면 된다.

책을 많이 읽어주는 것도 중요하지만, 내용을 그냥 죽죽 읽는 것보다는 아이와 함께 호흡하며 읽는 것이 효과적이다. 책을 읽으면서 아이가 상상의 날개를 펼치면 엄마도 그 상상 속으로 같이 들어갔다가 다시 책으로 돌아오는 것이다.

뭐든지 자연스럽게 물이 흘러가듯 가면 부작용이 없다. 그러나 일방적인 책 읽어주기가 계속되면 아이는 책읽기를 싫어하게 된다는 것을 잊지 말자.

새 책을 들여야 하는 가장 좋은 시기

아이마다 좋아하는 분야가 있고, 그 분야에서도 좋아하는 책이 있다. 책에 재미를 붙이게 하려면 좋아하는 분야의 책을 보게 해주어 책에 대한 흥미를 더욱 굳건히 하는 것이 바람직하다.

아이에게 새로운 책을 주는 시기는 지금 보고 있는 책을 다 보고 난

후다. 다 보았다는 것은 한두 번 읽었다고 해서 다 보았다고 할 수 있는 것이 아니다. 아이가 마음껏 읽어서 이제는 더 이상 예전의 열정으로 책을 읽지 않는 시기를 말한다. 다시 말하면 수없이 반복을 거듭하다가 어느 날 반복의 횟수가 점차 줄어들고 이전보다는 관심이 떨어진 것 같다고 느끼는 시기를 말한다.

물론 전래동화 전집 전체를 그렇게 읽을 수도 있고 전집의 절반만 죽어라고 읽다가 관심이 줄어들 수도 있다. 이때는 안 읽은 반을 너무 아까워하지 말자. 새로운 책을 주어야, 시간이 지나면 안 읽던 책도 읽게 된다. 또한 아이가 즐기는 분야 외의 다른 책들도 아이의 눈에 쉽게 띄는 곳에 진열해 두고 자연스럽게 접할 수 있는 기회를 만들어주면 균형잡힌 독서가 이루어질 수 있다.

책읽기에 조건을 걸지 않는다

어떤 부모들은 어떻게 해서라도 책읽기를 좋아하는 아이로 키우기 위해 용돈을 주면서까지 책을 읽게끔 유도하기도 한다. 오죽했으면 그렇게까지 할까 하는 마음만큼은 진심으로 공감이 간다.

책을 읽으면 돈을 주겠다는 조건을 걸면 아이가 나중에 엄마가 원하는 어떤 일을 할 때 "이것을 하면 얼마나 줄 건데?"라는 재조건을 걸 염려가 있다. 그리고 무엇보다 큰 문제는 책을 읽는 가치가 돈의 가치보다 낮은 단계로 전락할 수도 있다는 것이다.

아이가 책을 읽는 모습을 보면 놀라움과 기쁨으로 격려하고 뽀뽀를 해주거나 꼭 껴안아주면서 자랑스러움을 표현해 주자. 그러면 자연스럽게 책읽는 습관을 들일 수 있다.

책을 잘 읽어 엄마가 기쁜 마음에서 어쩌다 무엇을 사주는 것까지야 뭐라고 할 수 없지만, 책 읽는 것을 돈으로 보상해 주는 것은 피해야 한다.

비디오나 DVD가 책을 대신할 수는 없다

명작동화나 전래동화는 비디오나 여러 매체를 통해 자연스럽게 알게 되므로 굳이 책으로 읽힐 필요가 없다고 생각하는 부모들이 있다.

물론 비디오나 텔레비전을 통해 명작동화나 전래동화를 알게 된다고 해도 책을 읽으면서 느끼는 감정과는 많이 다르다. 특히 아이들은 전래동화 등을 읽으면서 삶의 지혜뿐만 아니라 인생의 다양한 가치를 배운다. 또한 전래동화를 통해 역사에도 흥미를 갖게 되면서 지식을 확장한다.

이렇듯 아이들이 옛날 이야기인 전래동화 등을 보면서 책의 재미에 빠지곤 하므로, 비디오나 텔레비전이 결코 책을 대신할 수 없다고 생각한다. 특히 정보를 체계적으로 받아들이는 것은 책이 효과적이다.

푸름아빠의 책읽기 어드바이스

Q 우리 딸은 공주 책만 좋아해요

우리 큰딸은 다섯 살입니다. 언어 수준은 정확하게 제가 판단하기 힘들어요. 매일 한두 시간은 규칙적으로 책을 보고 있어요. 맞벌이라서 저녁에 저와 보내는 시간을 기준으로 말씀드리는 거예요. 그런데 공주 책을 너무나 좋아합니다. 백설공주, 신데렐라, 인어공주, 엄지공주, 그 외 공주에 관련된 책만 너무나 좋아하는 거예요. 서점에 데리고 가서 책을 고르라면 꼭 공주와 관련된 책만 집어요. 남편은 성적 정체성에 문제가 생긴다고 이젠 공주 책은 그만 사주라고 하거든요. 사실 신데렐라만 해도 세 권이나 됩니다. 출판사가 다른 것으로요.

지적인 부분을 채워주는 동화책으로 유도하라고 하는데, 제 생각은 공주 책을 읽고 싶어 하는 만큼 읽고 나면 다음에는 다른 곳으로 관심을 갖지 않겠나 싶어요. 하지만 때론 집에 있는 한복이나 드레스를 꺼내어 공주놀이에 몰두하거나, 비디오도 공주 비디오만 보려고 하니 좀 지나친 것 같기도 합니다. 그렇다고 다른 책을 아예 안 보는 것은 아니지만요.

질문을 해도 "엄마, 신데렐라가 왜 이런 표정을 지어요?", "새엄마는 왜 신데렐라를 안 좋아해요?", "엄마, 신데렐라의 새언니들은 왜 안 예뻐요?", "새엄마는 왜 신데렐라에게 헌 옷만 줬어요?" 새언니들이 유리 구두를 신어 보는 장면에서는 "엄마, 새언니들은 왜 이런 표정으로 신을 신어요?", "왜 신데렐라 옷은 반짝여요?", "신데렐라의 신발은 왜 한 짝만 벗겨졌나요?", "신데렐라는 왜 하늘색 드레스를 입고 있어요?", "생쥐는 왜 이런 얼굴을 하고 있어요?" 등등 질문이 엉뚱하다고 해야하나, 재미있다고 해야 하나……. 이런 저의 딸을 어떻게 봐야 할지요. 공주를 좋아하는 수준이 과하다면 공주가 반드시 좋은 건 아니라는 걸 어떠한 방법으로 가르쳐줘야 할까요?

A 재미있는 이야기 하나 해드릴게요. 푸름이는 《삼국지》만 출판사별로 여러 종을 읽었습니다. 60권짜리 《만화삼국지》는 250번 넘게 읽었지요. 어느 날 제가 어떤 사람을 만난다니까 푸름이가 옆에서 하는 말이 "아빠 《삼국지》에서 보니까 그런 특성을 가진 사람은 배신을 잘하니까 조심하세요." 하면서 충고를 하더군요.

공주 책을 읽는다고 해서 공주병에 걸리는 건 아닙니다. 오히려 부모가 책을 읽지 않고 겉멋만 부리는 모습을 보여주면 아이가 공주병에 걸리게 될 수도 있지요. 어떤 엄마들은 책을 한 권도 안 사주면서 아이들에게 예쁜 옷을 입히고 이집 저집 데리고 다니며 자랑합니다. 그러는 동안 아이는 엄마를 통해 삶에서 중요한 것이 무엇인지 가치관을 배워가게 됩니다. 부모가 외면을 강조하면 외면에 대한 가치를, 내면을 강조하면 내면의 가치를 배우게 되는 거지요.

다른 책도 보면서 공주 책을 본다면 오히려 공주 관련 책을 더 사줘서 아이의 욕구를 충족시켜 주세요. 그러면 다음 단계로 넘어가게 됩니다.

또한 공주와 관련된 주제들로 책읽기를 더욱 확장시켜 나갈 수도 있습니다. 실제 역사 속 공주를 찾아보면서 공주들이 살았던 시대 즉 역사를 배울 수 있고, 공주가 입었던 옷이나 지니고 다녔던 장신구를 찾아보면서 복식사와 문화사도 익힐 수 있습니다. 처음에는 그렇게 주제를 역사와 문화사로 확장해주고, 그 이후 관련된 또 다른 주제로 확장해 나가면 됩니다.

좀 더 높은 수준으로 올라간다고 해도 공주 책을 좋아하는 건 여전할 거예요. 그러나 걱정할 필요는 없습니다. 예를 들어 아이는 신데렐라 등을 통해 선한 사람은 복을 받고, 악한 사람은 벌을 받는다는 권선징악의 개념을 배울 테니까요. 이런 아이들은 훗날 양심적인 어른으로 성장합니다.

공주에 대한 아이의 질문이 정말 다양하네요. 지적 수준이 또래보다 빠르다는 증거이기도 합니다. 고민하지 마시고 아이가 마음껏 볼 수 있게 해주세요. 지적 수준이 높아지면서 자연스럽게 다양한 분야로 나아가게 될 것입니다.

책은 아이가 관심을 갖는 데서부터 출발하는 것이고, 그래야 재미있게 계속 읽을 수 있습니다. 단 지적인 부분을 채워주는 책으로 유도하는 건 좋지만, 그 마음을 아이에게 들켜서는 안 됩니다. 이는 의식과 무의식이 하나가 되어 아이에게 진실하라는 의미입니다.

Q 너무 질문이 많아 책읽기 리듬이 끊어져요

이제 42개월 된 남자아이를 둔 엄마입니다. 다름이 아니라 아이에게 책을 읽어주면 부분부분 혹은 그림에 관해 질문을 하고 책 내용에 대해서 물어봐요. 더 어렸을 때도 그랬는데 아직도 계속되고 있답니다. 그렇다고 그 책을 처음 접한 것도 아니고 몇 번씩 읽은 건데도 그러네요. 제가 읽긴 하지만 자꾸 리듬이 깨지니까 책 내용을 이해하긴 하는 건지 궁금하기도 하고, 대체 이런 행동이 언제까지 계속될까요?

A 대부분의 어머님들은 책을 처음부터 끝까지 다 읽어줘야 책을 읽어준 거라고 생각합니다. 그런데 그런 것에 너무 매달리면 아이의 창의력이 자라지 못합니다. 아이가 책 내용에 관한 질문을 하면, 엄마는 당연히 그 질문을 받아주면서 한껏 상상력을 펼치게끔 끌고 가다가 다시 책으로 돌아오면 됩니다.

어느 때는 책을 읽는 것보다 이야기를 하는 시간이 더 많을지도 모르지만 그런 시간을 통해 아이는 스스로 사고하는 능력을 기르게 됩니다.

그렇게 질문을 많이 하는 아이는 발달도 순조롭게 이루어지고 있는 거랍니다. 또 여러 분야에 관심을 갖는다는 증거고, 책 내용도 완전히 알고 가려고 자꾸 질문을 하는 것입니다. 궁금하니까 자꾸만 물어보는 거지요.

아마 이런 행동은 자기 스스로 책을 볼 때까지 갈 것입니다. 그리고 책을 스스로 읽어 독립의 단계로 넘어가도 자기가 모르는 것은 스스로 백과사전을 찾아보면서 해결하려 할 것입니다.

우리 아이 발달 단계에 맞는 맞춤형 책읽기

이 장에서는 두 아이를 키운 경험과 부모 교육 강의를 하면서 쌓은
노하우를 바탕으로 아이의 행복한 읽기 독립을 위한 기본 원칙 10가
지를 소개해 보려고 한다. 아이의 행복한 책읽기가 아이 자신과 가
정에 어떤 기적을 가져오는지 살펴보자.

푸름아빠의
읽기 독립 노하우 10

하나, 아이의 소유 욕구를
마음껏 충족시켜 준다

강연 중 한 어머님의 질문이 아직도 내 기억에 생생하게 남아 있다.

"첫 아이가 '내 거야.'라는 말을 할 때 개척교회 목사의 아내인 저는 아이에게 소유를 충족시켜 주지 못하고 나눔을 가르쳤습니다. 그렇게 가르쳤는데도, 아이는 초등학교에 들어가서도 동생과 뭔가를 나누려 하지 않았습니다. 항상 무엇이건 허겁지겁 움켜쥐려 하는데 어떻게 하면 좋을까요?"

아이의 자존감은 저절로 생겨나는 것이 아니다. 부모에게 있는 그대로 사랑받음으로써 내가 사랑받는 존재라는 걸 확인한 후, 무엇이든 하려고 하는 '전능한 자아'를 지나, 계획한 일을 잘해냈을 때 스스로를 아주 능력 있다고 생각하는 '유능한 자아'를 거치며 발전해 간다.

전능한 자아가 발달하는 시기에 아이는 자기 힘에 버거운 일도 할 수 있다고 덤벼들다가 뜻대로 되지 않으면 짜증을 내면서 떼를 쓰고 뒤집어진다. 그리고 유난히 '내 것'을 외치면서 소유하려 들고, 누가 자신의 물건을 만지거나 자기가 만든 것을 동생이 건드리기만 해도 울며 불며 난리를 친다. 전능한 자아는 소유가 충족되었을 때라야 비로소 유능한 자아로 순조롭게 발달할 수 있다.

만일 소유가 충족되어야 할 시기에 소유할 수 있는 기회를 갖지 못했거나 부모가 아이를 있는 그대로 사랑해 주지 않았다면, 아이는 받지 못한 사랑을 물질로 대치시켜 끊임없이 움켜쥐려고 한다. 나이가 들어서도 물질에 연연해 한다면 분명 어릴 때 사랑을 받지 못했거나, 자신이 정당하게 가져야 했던 것들을 나눠줘야 했거나 빼앗겼기 때문이다.

소유가 어느 정도 충족되어 유능한 자아가 발달하면 그때는 소유를 즉각적으로 충족시켜 주기보다는 조금씩 늦춰 줌으로써 기다림의 지혜를 배울 수 있도록 도와주어야 한다.

푸름이가 어릴 때 장난감 자동차를 갖고 싶었는지 "엄마, 돈 있어요?"라고 물은 적이 있다. 그랬더니 푸름엄마가 이렇게 대답했단다. "푸름아, 아빠가 돈을 벌기 위해 땀 흘리며 일하고 계셔. 그러니까 아빠가 돈을 벌어 오면 꼭 자동차를 사줄게."

그 말을 듣고도 푸름이는 너무나 갖고 싶었던지 가게 문을 나서면

205

서 "아빠가 지금 돈 벌어 왔어요?"라고 물었다고 한다. 푸름엄마는 간절하게 자동차를 원하는 푸름이의 마음을 헤아리며 다음 날에 꼭 자동차를 사주겠다고 했고, 그 약속을 지켰다.

둘째아이에게도 자기 소유의 책이 필요하다

소유는 독서와도 깊은 관련이 있다. 첫째아이가 책을 잘 읽는데, 둘째아이가 책을 안 본다면 둘째아이 소유의 책이 없는 경우가 흔하다. 우리 부부도 푸름이에게만 책을 사주었지, 초록이에게 자기 소유의 책이 있어야 한다는 걸 몰랐다. 책을 읽을 수 있는 좋은 환경에서 초록이가 형처럼 책에 몰입하지 못하는 이유가 궁금했는데, 어느 날 책을 읽으면서 그 이유를 알았다.

"소유를 가르쳐라!"

소유를 가르쳐야 된다는 것을 알고 나서는 그날 바로 초록이 책을 따로 사주었다. 그리고 책 앞장에 "이 책은 초록이 책입니다. 아무도 손대지 마시오. 아빠 백."이라는 글을 써서 붙였다. 내 어린 시절, 새 신발이 생긴 날 너무 좋아 신지 못하고 안고 자던 그 모습처럼 자기 책이 생긴 초록이는 그 책을 안고 잠들며 책을 읽기 시작했다.

소유의 경험이 충족된 아이들은 언제까지 소유하려고만 하지 않는다. 그런 아이는 남에게 흔쾌히 나누어줄 뿐만 아니라 소유의 경험을 통해 상호 교류와 협상을 배운다.

예를 들어 자기 책을 빌려주면서 남의 책을 자연스럽게 빌려오거나, 소풍을 가서 다른 아이의 도시락에 자기가 먹고 싶은 것이 있으면 엄마가 싸준 김밥을 몇 개 주고 자연스럽게 나눠 먹는다. 소유가 충족될 때 교류를 배우고 사회성도 함께 성장하는 것이다.

정당한 소유를 부정당한 아이들은 평생 빚쟁이로 남아 부모에게 빚을 갚으라고 요구한다. 내 아이가 빚쟁이로 자라고 있다면 지금이라도 늦지 않았다. 넘치게 사랑하고 충분히 소유할 기회를 주면 된다.

Q&A

Q 우리 아이는 소유욕이 너무 강해요

한달 전 캐나다로 이민 와서 언니와 같이 살게 되었습니다. 언니와 저에 게는 각각 21개월과 37개월 된 남자아이가 한 명씩 있어요. 문제는 우리 아이가 언 니네 아이를 때리고 밀고 모든 걸 자기 거라고 한다는 것입니다. 매일 혼내고, 처 음에는 동생을 때리면 밖에 세워 둔다고 위협도 하고 달래도 보고 다짐도 받고 여 러 가지를 해봤는데, 소용이 없더군요.

우리 아이는 돌 이후부터 소유욕이 굉장했어요. 제가 예전에는 소리도 많이 지르 고 때리기도 했거든요. 이런 아이일수록 친구와 어울리는 건 좋지 않다고 하셨는 데, 부정당할 기회를 많이 만들어서 그런가 하는 생각도 듭니다.

사촌동생과 부딪칠 때 어떻게 해야 하나요? 언니와 제가 아이들을 위해 교구를 공 동으로 준비했는데 조카가 만지기라도 하면 저희 아이는 자기 거라며 절대로 내주 지 않습니다. 언니와 따로 살아야 할까요? 따로 살 여건은 안 되지만 아이가 잘못 되는 것보다는 낫겠지요?

A 아이의 소유욕은 정당한 것이지만 지나치게 소유에 집착하는 것은 18개 월 이전에 배려 깊은 사랑을 충분히 받지 못했기 때문입니다. 따라서 소 유를 충족시켜 줌과 동시에 사랑받고 있다는 느낌도 충분히 주셔야 합니다. 소유 욕이 충족되면 자연스럽게 나눌 수 있는 능력도 생기게 되거든요.

사촌과 부딪칠 기회를 될 수 있으면 막으세요. 분명히 부딪칠 때는 이유가 있습니 다. 그 이유를 엄마가 세심하게 관찰해 적극적으로 공감해 주며 따뜻한 말로 "그렇게 하면 동생 마음도 아플 뿐만 아니라 엄마 마음도 아프단다."라고 이야기해 주세요. 꾸짖거나 야단치면 그런 행동만 강화시킬 뿐입니다. 엄마와의 애착이 단단해질수록 아이는 엄마를 위해서라도 자신의 행동을 절제합니다.

그리고 교구는 같이 사용하지 않는 것이 좋습니다. 자기 것을 누가 가져갈까봐 더욱 경계하니까요. 아이의 소유욕이 충족되어 스스로 내놓을 때까지 기다려야 합니다. 아니면 하나 더 구매하여 따로 갖고 놀게 하는 것이 좋습니다. 아이들은 내 것이 있어야 집중한답니다.

언니와는 교육에 대해 좀더 깊게 논의하세요. 교육관이 일치하면 서로 주고받으면서 더욱 풍요롭게 키울 수 있습니다. 푸름이를 키울 때 할아버지와 고모가 있어 훨씬 다양하고 풍부한 환경을 줄 수 있었습니다. 그러나 교육관이 부딪치면 갈등 때문에 아이를 키우기가 어려워집니다. 같이 살 거라면 언니와 잘 논의하셔서 교육관을 맞추고 아이에게 집중하시기 바랍니다.

아이들은 칭찬과 격려, 사랑과 배려로 큽니다. 아이를 대하는 엄마의 눈빛과 엄마의 말이 정확히 일치해 아이가 엄마의 진심을 느끼면 아이는 변하게 됩니다. 꾸준히 배려 깊은 사랑을 주면 아이의 행동은 언제 그랬냐 싶을 정도로 바뀔 것입니다.

둘, 한 분야의 몰입이
균형 잡힌 독서 습관을 만든다

청소년기 시절 푸름이는 이불 속에 들어가 잠을 자는 게 아니라, 군복을 입고 침낭 속에서 잠을 잤다. 푸름이 방을 털면 1개 소대 병력쯤은 중무장시킬 정도였다. 모의총만 해도 30자루가 넘었다. 군복은 12벌이었고 전략, 전술 또는 전쟁의 역사 같은 군사학 책을 주로 읽었다. 밤이면 어김없이 총의 방아쇠를 당기면서 조준 연습을 했다.

마음이 내키면 잽싸게 군장을 꾸려 밤 12시에 아파트를 포복으로 기어나갔다. 키가 껑충한 푸름이가 포복으로 기어나갈 때면 나는 뒤에서 그저 물끄러미 쳐다보았다. 얼마나 좋으면 저럴까! 나는 지금까지 살면서 남에게 피해를 안 주면서도 저렇게 즐기며 살아 본 경험이 없는데 말이다.

조그만 아파트 단지 내에서 CCTV를 피해 다른 사람들 눈에 띄지 않고 포복으로 한 바퀴 돌아오는 데 걸리는 시간은 두 시간이다. 땀에 흠뻑 젖어 흥분이 된 푸름이가 한마디 한다. "아빠, 심리적인 압박감이 이렇게 강한 줄 몰랐어요."

아이들은 사실에 열광한다. 자동차를 좋아하는 아이들은 하루 종일 자동차를 가지고 놀면서 자동차 책만 보려고 한다. 대부분의 엄마들은 균형 잡힌 독서를 시켜야 한다는 생각 때문에 창작동화도 읽고 명작동화도 읽었으면 한다. 그렇기 때문에 아이가 자동차나 공룡, 공주 등 어느 한 가지 분야의 책만 집중적으로 좋아하면 불안해 한다.

그러나 진정으로 균형 잡힌 독서는 어느 순간 한 분야에 몰입해 책을 읽을 때 가능하다. 아이가 자동차에 관련된 책만

우아, 신난다.
내가 좋아하는 자동차로
가득 차 있네.

보려 하면 절정의 경험을 할 때까지 자동차 책과 체험을 제공해야 한다. 그러면 아이는 반드시 다른 분야로 가지를 쳐나가게 된다.

공룡을 좋아하는 아이가 역사에도 관심을 갖게 되는 것처럼, 자동차를 좋아하는 아이들은 자동차를 만든 나라나 국기에도 관심을 갖게 되면서 관심 분야를 확장해 나간다.

그러므로 새로운 분야에 아이가 흥미를 느끼게 되면 그 분야의 책을 충분히 읽도록 해줘야 한다. 지식이 깊어지면 또 다른 분야로 나아가게 마련이다. 아이가 좋아하는 것을 더 좋아할 만한 환경을 만들어주면, 결국 아이는 모든 분야에 깊이 몰입하면서 균형 잡힌 독서를 하게 된다. 여자 아이들 중에는 좋아하는 특정 분야 없이 분야를 가리지 않고 보면서 나선형으로 깊어지는 아이들도 있다.

지식이 깊어지면 아이는 실행하고 싶어한다

사실을 깊게 탐구한 아이들은 책을 읽는 과정에서 논리를 깨우치게 되며, 사실과 사실 사이에 존재하는 관계를 찾아내는 능력이 발달한다. 이 '관계'를 찾아내어 정리하는 능력을 '논술'이라고 한다.

푸름이가 이런 질문을 한 적이 있다. "아빠, 로마와 한나라가 싸우면 누가 이길까요?" 나는 "로마와 한나라가 싸워 본 적이 없는데 어떻게 알 수 있겠니?"라고 대답했다. 그러자 푸름이는 반드시 한나라가 이긴다고 주장했다. 그러면서 왜 한나라가 이길 수밖에 없는지에 대해 조목조목 설명하기 시작했다.

푸름이가 책을 통해 흡수한 지식이 한나라와 로마의 군사력, 전략과 무기, 병법뿐만 아니라 전쟁이 어떻게 전개될지에 대해 생생하게 시나리오까지 쓸 수 있을 정도로 풍부해진 것이다. 게다가 상상력까지 더해져 강력하게 자기주장을 할 수 있었던 것이다.

지식이 깊어지면 아이들은 실행하고 싶어한다. 푸름이가 군장을 메고 포복으로 기어나간 것은 전쟁이 주는 심리적인 압박감을 느껴보고 싶어서였다. CCTV라는 가상의 적도 이렇게 압박감을 주는데 실제 전쟁은 어떨까? 이런 체험 경험이 있는 아이들은 전쟁을 결코 찬성하지 않는다. 실행해 보고 싶은 푸름이의 마음을 누구보다 잘 알기에 나는 편안하게 뒤에서 푸름이의 행동을 바라볼 수 있었다.

체험을 해본 아이들은 자신이 무엇을 좋아하는지, 그리고 앞으로 무엇을 하면서 살아야 하는지 생각하면서 점차 자신의 정체성을 찾아나간다. 나는 마흔이 넘어서야 비로소 내 자신의 정체성을 찾았다. 이전에는 내가 어리석어 자신의 정체성을 찾지 못했다고 생각했다. 하지만 교육을 하면 할수록 과거의 획일적 교육이 내가 정체성을 찾는데 조직적으로 방해가 되었다는 생각을 지울 수 없다. 그렇지만 않았어도 나의 정체성을 훨씬 빨리 찾았을 것이다.

푸름아빠의 책읽기 어드바이스

Q **책의 바다 속에 푹 빠진 아이를 건져냈어요**

저희 아이는 24개월입니다. 19개월부터 아이는 3개월간 엄청난 양의 책을 읽었습니다. 그렇게 읽어줘야 하니 피곤하기도 했지만, 두려운 마음도 있어서 아이를 책의 바다에서 건져냈습니다. 여전히 아이는 책을 좋아하는 아이로 성장하고 있습니다. 바보 같은 질문이지만, 책을 벗삼아 즐긴 아이와 책의 바다에 빠진 아이 사이에 차이가 있을까요?

A 아이는 태어날 때 성인보다 훨씬 많은 신경세포를 가지고 태어납니다. 이것은 아이가 미래에 어떤 상황에 처할지 모르기 때문에 자연이 주신 일종의 선물입니다. 아이가 태어나서 특정한 자극을 받으면 그 특정 자극을 관장하는 두뇌 영역에서는 점점 시냅스가 튼튼하게 가지를 치면서 정보를 처리하는 속도가 빨라질 뿐만 아니라 정확해집니다. 그러나 자극이 주어지지 않는 부위는 쇠퇴하면서 그 분야의 재능이 쇠퇴하게 되지요.

책의 바다에 빠지는 것은 두뇌가 어느 정도 발달해 종합적으로 사물을 이해하는 시점이 되었기 때문입니다. 이 시기에 부모가 자연스럽게 아이가 원하는 책을 읽어주면 두뇌는 굉장히 빠른 속도로 발전하면서 소위 정보를 처리하는 고속도로가 만들어지게 됩니다.

책의 바다에 빠졌던 아이는 특정한 시기에 뇌의 발달을 풍부하게 한 결과 탄탄대로의 고속도로가 만들어집니다. 반면 이 시기에 부모가 책을 잘 읽어주지 않았다면 그 분야에 관해서는 고속도로가 아닌 옛날 시골길이나 비포장도로 같은 울퉁불 통한 길이 만들어지는 것이지요.

책의 바다에서 책을 탐닉한 아이와 그냥 책을 벗삼아 책을 즐기는 아이의 차이를 물으셨는데 그 질문의 정확한 의미를 이해하기 어렵네요. 책의 바다에 빠졌던 아이들은 그 특정 시기가 지나도 이미 잘 닦여진 고속도로가 두뇌에 만들어졌기 때문에 그 이후에는 어느 경우든 책을 벗삼아 즐기게 됩니다.

책을 읽는다는 건 아이에게 강한 즐거움과 기쁨을 줍니다. 텔레비전이나 컴퓨터 게임보다 책에서 얻는 기쁨이 크기 때문에 텔레비전이나 게임기를 끄고 책을 보려 할 것입니다. 책을 보면서 아이는 세상을 살아가는 이치도 깨닫게 되고, 겸손해야 한다는 것도, 남을 배려해야 한다는 것도 모두 책 속에 있으므로, 그것을 더욱 빠르게 이해하고 실천합니다.

그러나 특정한 두뇌 발달이 이루어지는 시기에 이 자연스러운 발달이 거부되었거나 자극에 대한 노출이 부족했다면 아이는 이후에 깊은 집중력을 갖지 못하고 그저 설렁설렁 책을 읽습니다.

유아기 시절의 깊은 집중을 깨지 마세요. 하나에 집중했던 힘을 가진 아이들은 다른 분야에서도 깊은 집중력을 발휘합니다. 책을 벗삼아 즐길 수 있는 아이는 책의 바다에 빠져 깊은 즐거움을 맛본 아이들만 가능합니다.

두뇌는 민감한 시기와 결정적인 시기가 있어 그 시기가 한번 지나가버리면 훗날 다시는 그런 경험을 주고 싶어도 한계가 있습니다. 한두 살 시절의 변화와 성인이 된 이후의 변화를 관찰해 보세요. 아이들이 얼마나 무서운 속도로 발전하고 변화하는지 직감적으로 느낄 수 있을 것입니다.

셋, 징검다리를 촘촘히 놓아
책읽기 수준을 높여준다

푸름이를 키울 때 종종 푸름이 수준에 맞지 않는 두꺼운 책을 사오면 푸름엄마가 내게 묻곤 했다. "아이가 그런 책을 어떻게 봐요?" 그러면 나는 "볼지 안 볼지 당신이 어떻게 알아요?"라고 되물었다.

하지만 푸름엄마는 언제나 정확했다. 푸름이는 그 책을 보지 않았으니까 말이다. 하지만 나는 몇 년 동안 푸름이가 그 책을 보지 않았다고 해서 책을 잘못 골랐다고 생각해 본 적이 없다. 아이 수준보다 높아서 몇 년 동안은 찬밥 신세였지만, 몇 년이 지난 어느 날 푸름이의 책읽기가 높아져 딱 그 수준에 이르렀을 때 그 책이 없었다면 푸름이가 자연스럽게 책읽기 단계를 넘어갈 기회를 가질 수 없었을 게 아닌가!

그렇다고 아이에게 수준이 높은 모든 책을 미리 구입하고 기다리라는 말은 아니다. 책을 사줄 때는 약간의 배고픔이 필요하다. 부모의 욕심에 한꺼번에 엄청난 책을 구입하게 되면, 아이는 그 책을 다 읽어야 한다는 생각에 질려 책읽기를 두려워하게 된다.

부모 또한 과도한 돈을 투자했으니 본전을 뽑아야 한다는 생각에서 아이가 책을 읽는지 안 읽는지 늘 감시의 눈초리로 쳐다보게 된다. 책 읽기가 즐거운 놀이가 아닌 '학습'이 되는 것이다. 이 경우 아이의 책 읽기는 어느 정도 진행되다 결국에는 완전히 멈추게 된다.

아이에게 무언가를 쓸어 넣어야만 배운다는 주입식 교육관에 빠져 책읽기를 시작하게 되면, 부모는 어떻게 해서든지 마음에 드는 책을 골라 이것도 읽어라 저것도 읽어라 하면서 간섭하게 된다. 게다가 책을 읽은 다음에 독후감까지 쓰라고 강요하면, 결국 아이에게 책읽기는 학교에서 교과서를 배우듯 틀에 박힌 학습이 되고 만다.

계속해서 강조하지만, 교육은 아이 내면에 존재하는 위대한 힘을 끌어내는 것이다. 이렇게 생각하면 부모가 좋아하는, 학습에 도움이 되는 책보다는 아이가 눈빛을 반짝거리며 좋아하는 책을 풍부하게 줄수 있다. 그럼으로써 먼저 한 분야에 깊어질 수 있는 기회를 주고, 아이가 좋아하는 분야에서 새로운 가지를 치고 나갈 때 가지를 친 분야또한 깊이 이끌어내는, 모든 분야에서 몰입독서를 할 수 있는 기회를 주게 된다.

내 아이가 몰입독서를 하기 원한다면 징검다리를 촘촘히 놓아줌으로써 자연스럽게 독서 수준이 높아지도록 도와주자. 부모가 단독으로 판단하고 결정한 몇 권의 책만으로 아이의 독서를 이끈다면 징검다리가 너무 넓게 놓여 아이 스스로 책읽기의 수준을 높일 수 없다. 그러다 보니 부모는 자신보다 잘 가르칠 수 있는 교사를 찾게 되고, 독서가 학습의 성격을 띠게 되어 아이의 자기주도성은 줄어든다. 전집이 중요한 의미를 갖는 것은 바로 이 징검다리를 촘촘히 놓아줄 수 있기 때문이다.

기초가 튼튼해야 다음 단계로 이동하기 쉽다

아이를 잘 키우는 부모는 부모의 욕심에 맞춰 무작정 책의 수준을 높이지 않는다. 예를 들어 아주 낮은 단계의 책이 다섯 질 있고, 그보

다 한 단계 높은 수준의 책을 구입해 주었는데 아이들이 힘들어했다고 하자. 이때 현명한 부모라면 아주 낮은 단계의 책을 더 들여 아이에게 책읽기에 대한 자신감을 충분히 세워 준 후 비로소 다음 단계의 수준으로 조심스럽게 올린다.

특히 영어가 자유로운 아이들의 집에 가면 아주 낮은 단계의 영어 동화책이 그 아이가 가진 모든 책의 90퍼센트 가까이 차지하는 경우를 볼 수 있다. 그것은 바로 기초가 튼튼히 다져질 때 힘 있게 징검다리를 뛰어 넘어갈 수 있기 때문이다.

Q 책에서 읽은 표현들을 사용하는데 괜찮은 걸까요?

41개월 된 아이의 엄마입니다. 속독, 정독을 겸하며 스스로 책을 읽기 시작한 지도 1년 반 정도 지났습니다. 몇 개월 전부터 그림이 별로 없는 저학년용 책도 곧잘 읽곤 하는데요, 독서 부작용이 생기는 것 같아요. 책의 내용이 학교에 다니는 아이들 이야기라서 우리 아이하고는 맞지 않아요. 또한 책에서 읽은 여러 표현들을 자기도 모르게 사용하는데요, 꼬맹이 입에서 그런 표현을 들으니 때론 무척 이상하고 안 좋게 들릴 때도 있습니다.

A 독서 부작용이 아니라 독서 효과를 극명하게 보여주는 예입니다. 그림 없는 저학년용 책을 본다는 것은 그림이 있는 책보다 훨씬 복잡하고 추상적인 책을 보는 것이므로 그만큼 아이의 지적 수준이 높아졌다는 증거입니다.

책 내용이 아이에게 맞지 않는다는 건 엄마의 생각이지 아이의 생각은 아닙니다. 엄마의 기준에 맞지 않으면 혹시 잘못된 게 아닌가 걱정하는데, 아이의 수준은 이미 저만큼 앞서가고 엄마의 의식은 그 자리에 머물러 있는 것 같네요.

책에서 읽은 내용을 표현한다는 것은 그만큼 언어를 다양하게 사용한다는 것이고, 이것은 뛰어난 아이들의 일반적인 특징이기도 합니다. 이런 아이들은 자기 또래보다 높은 수준의 언어를 구사하고 책의 문어체를 그대로 일상생활에서 사용하기도 합니다. 따라서 어느 때는 말을 할 때 어려운 단어를 생각하기 위해 말머리에서 "에~ 에~" 하면서 말을 더듬는 듯한 인상을 줄 때도 있습니다. 책읽기가 잘 진행되고 있으니 걱정하지 않으셔도 될 것 같습니다.

넷, 때로는 자연의 순리에
맡기는 것도 방법이다

아이가 밤늦게까지 책을 읽으려고 할 때 많은 부모들이 발육이 더딜까봐, 또는 유치원이나 학교에 늦을까봐 억지로 책을 덮고 잠을 재운다. 밤늦게 자면 성장 호르몬이 잘 안 나온다고 해서 아이가 책에 빠져들어 읽는 것을 반대하는 것이다. 물론 근거 없는 주장은 아니다. 푸름이는 어릴 때 밤늦게까지 책을 읽었는데, 현재 키는 186센티미터다. 그렇게 밤을 새워가며 책을 읽었다면 성장 호르몬이 적게 나와 평균보다 작아야 하는 게 이론적으로 맞지 않을까?

또한 생체 리듬은 24시간이 아니라 25시간이다. 자연 상태에서는 잠자는 것이 한 시간씩 뒤로 가게 된다.

아이들은 자기가 읽고 싶은 책을 마지막 남은 에너지까지 소진할 정도로 깊이 빠져들어 보고 나면 아주 만족스럽게 잠이 든다. 반면 책을 읽고 싶은데 억지로 재운 아이들은 대부분 징징대며 불만족스럽게 잠든다. 만족스럽게 숙면을 취할 때 아이의 성장 호르몬은 더욱 많이 분비되며, 행복할 때 신체도 함께 성장한다.

밤늦게 책을 읽어 유치원이나 학교에 늦으면 누가 야단을 맞을까? 부모일까? 아니면 아이일까? 아이가 야단을 맞게 되어도 좀 내버려 두자. 학교나 유치원에 지각해서 야단을 맞는 것은 아이 입장에서 썩 유쾌한 경험은 아니다. 그렇게 몇 번을 늦으면 아이는 엄마에게 좀 일찍 깨워 달라고 먼저 요청하는 등 자기 스스로를 조절해 나가는데 이때 자발성도 함께 발전해 간다. 자연의 순리가 아이에게 책임감을 가르치는 것이다.

여보, 우리 아이의
시계는 지금 한낮이야.
한창 책에 몰입하고 있는데
그냥 내버려둬요!

자연의 순리에 따르다 보면 자연스레 배울 수 있는데, 이를 참고 기다리지 못해 안절부절 못하면서 아이를 억지로 재우고 깨우면 아이는 부모에게 의존할 뿐만 아니라, 스스로의 힘으로 성장하는 주도성마저 약해진다. 부모가 아이에게 줄 수 있는 최고의 선물은 아이가 무엇인가를 하려고 할 때 해볼 수 있는 기회를 마음껏 주는 것이다.

아이는 늘 부모가 하는 것을 따라해보고 싶어 한다. 예를 들어 엄마가 부엌에서 요리를 하면 아이도 칼을 사용해 잘라보고 싶어하는 것처럼 말이다. 그런데 대부분의 엄마들은 아이에게 칼을 준다는 것 자체가 두려워 감히 아이에게 칼을 줄 생각조차 하지 않는다.

그러나 아이를 잘 키우는 엄마들은 아이의 호기심을 꺾지 않는다. 먼저 날카로운 칼을 살짝 손에 대보게 해서 칼을 잘못 사용하면 위험할 수 있다는 것을 충분히 설명해 주고, 안전한 칼로 두부라도 자를 수 있게끔 기회를 준다. 또한 칼을 사용하고 싶으면 부모가 지켜보는 데서 사용하자고 약속함으로써 아이에게 작은 성취감을 주어 자존감을 높여 주고, 칼을 잘못 사용하는 위험으로부터 아이를 보호한다.

아이를 기다려 주면서 해볼 수 있는 기회를 주어라

세상이 험악하다고 해서 부모가 아이의 모든 것을 책임져 줄 수는 없다. 부모가 아이에게 해줄 수 있는 건 그런 세상에 대비하는 힘을 길러 주는 것이다. 부모가 아이를 믿고, 아이가 세상에 도전하면서 자연의 결과로 배울 수 있는 기회를 줄 때라야 비로소 아이는 세상의 험난함에 맞설 수 있는 힘을 기르게 된다.

그렇다고 아이에게 모든 것을 다 허용하라는 뜻은 아니다. 아이가 하는 일로 인해 생명과 안전이 위협받거나 타인에게 피해를 준다면 부모는 단호하게 그만 하도록 해야 한다. 그만 하라는 부모의 의지를 아이에게 전달해도 아이의 자존감은 상처를 받지 않는다. 너를 너무나도 사랑하기에 너의 안전을 위협하거나 타인에게 피해를 주는 행동을 막을 수밖에 없다는 부모의 강력한 의지를 전달하는 것이기 때문이다. 이런 환경이 만들어지면 아이는 어느 것을 해야 하는지, 하지 말아야 하는지 하는 불안감 없이 부모를 믿고 자기가 해볼 수 있는 것을 마음껏 할 수 있다.

힘들더라도 아이가 하는 것을 느긋하게 기다려 주면서 해볼 수 있는 기회를 많이 주자. 그러면 아이는 일상에서 자연의 순리대로 배우면서 매일매일 작은 성취를 이루어내고, 자신을 사랑받을 만한 가치 있는 존재라고 생각하면서 자존감 높은 아이로 성장할 것이다.

Q 책 때문에 생활 리듬이 틀어졌어요

우리 딸은 16개월입니다. 4개월 때부터 책을 장난감처럼 가지고 놀게 했고 10개월부터 본격적으로 하루에 적으면 5권, 많으면 20권 정도 읽어주었습니다. 빠르게 넘기면서 읽어주었고 집중도 잘하는 편이었지요. 혼자서도 책을 곧잘 넘기며 보았습니다. 지금은 하루에 40~50권 정도의 책을 읽습니다. 특별히 좋아하는 책은 없지만 반복이 많았던 책은 '아니'라고 의견을 분명히 제시하곤 합니다.

그런데 걱정이 무척 됩니다. 13개월 이전에는 일어나는 시간과 자는 시간이 일정했는데 지금은 졸릴 때 책! 책을 외치고, 일어나서도 책! 책 합니다. 졸릴 때는 더더욱 책책책! 하면서 전등을 끄지 못하게 합니다. 책을 읽어주다 보면 자정 12시를 넘기기도 하고 새벽 4, 5시에 일어나 또 책책책! 하면서 외칩니다.

딸의 책에 대한 욕구에 맞춰 생활 리듬을 무시해도 좋은지, 어느 정도 생활 리듬을 강제로 통제해야 하는지 알려주세요.

A 책을 읽는 것은 매슬로우의 욕구단계설에 보면 상위의 욕구에 해당합니다. 매슬로우의 욕구단계설은 먼저 기본 욕구가 충족된 후에 안전의 욕구, 남들로부터 인정받고 싶은 욕구순으로 충족되기를 원하는 것입니다. 그리고 상위로 올라갈수록 그 욕구가 충족되었을 때 두뇌에서 나오는 엔돌핀 같은 기쁨을 주는 호르몬이 강하게 분비된다는 이론입니다.

따라서 아이가 책을 좋아하게 되고 책을 읽어달라고 조르는 시기에 이르면, 잠을 자는 것보다 오히려 책 읽어주는 것을 원합니다. 그래서 잠을 자는 시간이 점점 늦어지게 되고 새벽 4시, 5시까지도 책을 읽어달라고 조르게 되는 거지요.

푸름이를 키울 때 우리는 이러한 이론을 분명하게 알지 못했지만 물이 흘러가듯 자연스럽게 가는 것이 옳다는 생각 때문에 밤이고 새벽이고 책을 읽어달라는 것을 거부한 적이 없습니다.

돌이켜 생각해 보면 그때가 푸름이의 지성이 전력을 다해 발전해 갔던 시기였습니다. 지금 생활 리듬을 엄마가 강제한다면 아이는 깊이 책에 들어가지 못하고 그만큼 집중력도 감소할 것입니다. 어떻게 보면 아이는 인생에서 가장 중요한 시간을 보내고 있습니다.

밤새 책을 읽은 아이는 아침에는 늦게까지 푹 잘 것입니다. 그 리듬에 맞추어 엄마가 힘은 들지만 책 읽어주기를 멈추지 마세요. 그 시간이 길어봐야 1년 정도밖에는 계속되지 않습니다. 아이가 어느 정도 성장하면 자고 일어나는 것을 자신의 의지에 따라 자기 스스로 합니다. 훗날까지 걱정할 이유가 없답니다.

다섯, 수다쟁이 부모가
아이의 언어감각을 키우고
두뇌를 발달시킨다

푸름이는 언어 영재다. 푸름이가 언어 영재로 성장한 것은 유전적으로 뛰어나서가 아니다. 우리 부부가 어릴 때부터 끊임없이 풍부한 대화를 나누어 주었고 책을 많이 읽어줌으로써 다양한 어휘에 충분히 노출되었기 때문이다.

모든 아이들은 영재로 태어난다. 하지만 부모가 아이의 재능을 발현하도록 도와주었느냐 아니냐에 따라 발달은 현격한 차이를 보인다.

미국에서 재미있는 실험을 했다. 한 그룹은 엄마가 아이와 대화를 많이 나누었고, 한 그룹은 엄마가 아이와 대화를 많이 하지 않았다. 아이들이 생후 20개월이 되었을 때, 대화를 많이 한 엄마의 자녀들은 대화를 많이 안 해준 엄마의 자녀들보다 평균 131개의 단어를 더 많이 알고 있었고, 24개월이 되었을 때 어휘의 격차는 295개로, 두 배

가까이 늘어났다.

어릴 때 어휘력의 차이는 곧 지성의 차이다. 아이의 지성을 이끌어 주고 싶다면 부모가 수다쟁이가 되어야 한다. 조금 힘들더라도 아이를 업거나 유모차에 태우기보다는 팔과 가슴에 안고 다녀보자. 아이와 눈을 맞추면서 아이가 보고 듣고 느끼는 모든 것을 함께 하며, 이 것들에 대해 시시콜콜 이야기를 해주자.

이렇듯 일상에서 아이가 보고 듣고 만지고 냄새 맡고 맛보는 모든 것을 이야기해 주면 아이는 뛰어난 이해력과 지성을 키워 나감과 더불어 풍부한 어휘를 흡수할 수 있다. 뿐만 아니라 엄마와 아이 사이의 친밀감 또한 높여 강한 애착관계를 맺을 수 있다.

하지만 부모가 수다쟁이처럼 많은 이야기를 해주었더라도 아이가 하는 것마다 무조건 "안 돼!", "하지 마!"와 같은 부정적인 언어를 자주 사용하면, 아이의 호기심은 발달하지 않는다.

대화를 나눌 때 필요한 게 '책'이다

아이에게 책을 읽어주는 것 또한 대화를 나누는 좋은 방법 가운데 하나다. 앞에서도 여러 번 강조했듯이, 책은 대화의 매개물이다. 끝까지 읽어줘야 한다는 데 집착하지 말고 아이와 대화를 나누듯 자연스럽게 진행해 보자.

아이가 책을 그만 읽고 싶다고 하면 대화처럼 그만두면 된다. 그래야만 책읽기가 학습이 아닌 즐거운 경험이 될 수 있다.

또한 책은 어릴 때부터 부모와 대화를 나눠 본 경험이 부족한 가정에서 자란 엄마 아빠에게 큰 힘이 되어준다. 부모가 책을 읽어주면 아이들은 일상생활에서 나누는 대화 외에도 다양하고 깊이 있는 고급 어휘를 흡수할 수 있으며, 자연스럽게 부모와 대화를 나누는 아이로 성장하게 된다.

우리 부부는 푸름이와 초록이를 키우면서 많은 대화를 나누었다.

우리는 지금 함께 병원에 가는 거야. 의사선생님께 진찰받으면 기침이 깨끗이 나을 거야……

병원, 기침, 의사선생님?

어떤 문제가 생겨도 항상 대화로 해결했으며, 성인이 된 지금도 대화를 나누는 것이 즐겁고 자연스러우며 막힘이 없다.

책을 통해 대화를 나누는 과정에서 아이는 다른 사람의 감정에 공감하는 법을 배우며, 남에게 상처를 주지 않으면서도 자신의 생각을 자연스럽게 표현할 수 있는 아이로 성장하게 된다.

푸름아빠의 책읽기 어드바이스

Q 말이 느린 아이들은 성격이 난폭해지나요?

안녕하세요. 저는 35개월 된 남자아이를 두고 있는 엄마입니다. 대개 남자아이가 말이 좀 느리다고는 하지만 우리 아이는 너무 느린 것 같아서 고민이에요. 간단한 단어 구사는 합니다. 하지만 발음이 정확하지 않은 것이 더 많아요. 혼자 중얼거리며 장난감이나 책을 보기도 합니다. 그래서 몇 달 전부터 어린이집에 보냈어요. 잘한 일인지 모르겠네요.

얼마 전 강의에서 잘 못 알아듣는 말이라도 호응을 해주고 대화도 많이 나누어 주라고 하셔서 그렇게 하려고 노력하고 있습니다.

그런데 말이 느린 아이들은 성격이 난폭해질 수 있다던데 지금 우리 아이도 조금 난폭하거든요. 다른 아이들과 잘 싸우고 때리고 소리를 크게 질러요. 어른들에게도 발길질을 하고 '으씨' 같은 단어를 쓰기도 하고요.

아이에게 영향이 갈까봐 저희 부부는 욕이나 싸움을 거의 하지 않아요. 그런데 말이 느려서 그런 건지 아니면 친구들에게 보고 배운 건지 너무 난폭합니다. 어떻게 하면 좋을까요?

A 어린이집에 다니는 것은 오히려 말을 더 느리게 만들 가능성이 있습니다.

자신의 의사를 제대로 표현하지 못하고, 그런 것을 다른 아이들이 받아들이지 못하면 오히려 마찰을 일으키게 되고, 그로 인해 아이의 마음이 더욱 힘들어질 수 있으니까요.

오히려 어린이집보다는 집에서 엄마가 아이에게 좀 더 세심하게 집중하고 다양한 어휘를 들려주며 아이의 말과 마음을 공감해 주는 것이 좋을 것 같습니다.

아이가 더 어릴 때 언어가 풍부한 환경 속에서 사랑받으며 자랐는지 궁금하군요. 특히 18개월 이내에 사랑을 풍부하게 받지 못했고, 부정당하거나 스킨십을 받지 못했다면, 그리고 아이의 욕구가 제대로 충족되지 못했다면 고집이 세지고 남에게 양보하는 것 없이 무조건 자기가 가지려고만 합니다. 만일 그렇다면 지금부터라도 아이의 욕구를 세심하게 배려해 줘야 합니다.

말이 느리면 말로서 자신을 표현하지 못하기 때문에 손이 먼저 나가게 됩니다. 따라서 더욱 세밀하게 관찰하셔서 아이가 좌절하지 않도록 도와주어야 하며, 책을 통한 대화 등 좀 더 풍부한 언어 환경을 만들어주는 게 좋습니다. 말하기를 재촉하지 마시고 느긋하게 기다리면서 아이가 편하게 자신을 표현하도록 해주세요.

여섯, 너무 쉬워도,
너무 어려워도 안 된다!
능력에 맞는 도전 과제가 몰입을 부른다

어린 시절에 책을 많이 읽으면 초등학교에 들어가서부터 공부를 잘할 거라고 생각하지만, 막상 시험을 보고 나면 예상했던 것보다 성적이 안 좋아 불안해하는 부모들이 많다. 지금까지는 사교육 없이 책을 읽으면서 자기 주도성을 높이는 교육을 해왔다고 생각했는데, 이제 와서 뭔가 잘못된 게 아닌가 싶기도 하고, 남들 다 하는 사교육을 따라가지 않은 게 후회스럽기도 하다.

물론 아이의 성적이 그렇게 나쁘지는 않지만, 그렇다고 전교에서 1등을 할 정도로 뛰어나지도 않다. 푸름이도 처음 초등학교에 들어가서 받아온 첫 받아쓰기 성적이 30점이었다. 시험을 보면 볼수록 빠르게 받아쓰기 성적은 높아졌지만, 초등학교 내내 학교 공부에 그다지 열의를 갖고 몰입하지는 않았다.

아이들이 과제에 몰입하기 위해서는 자신의 능력에 맞는 도전 과제가 주어져야 한다. 한번 도전 과제에 깊이 빠지면 시간의 흐름과 공간, 더 나아가서는 자신에 대한 생각까지도 잊어버리는 몰입에 이르게 된다. 몰입의 상태에서는 아무런 갈등 없이 자신이 가진 모든 에너지를 대상에 집중하기 때문에 최고의 성취를 이룰 수 있다.

어린 시절 책을 많이 읽은 어린아이들에게 초등학교에서 주어지는 대부분의 과제는 아이들의 도전 욕구를 일으키지 못한다. 이럴 때 아이들은 심심해하며 공부에 열중하지 않는다.

반대로 책을 많이 읽지 않고 학교에 들어갔을 때 아이들의 능력보다 학교 공부의 도전 과제가 너무 높아도 아이들은 불안해하면서 공부에 집중하지 못한다. 푸름이는 초등학교를 다닐 때 교과서는 모두 학교에 두고 빈 가방만 달랑 들고 다녔다. 그럴 거면서 빈 가방은 대체 왜 들고 다니는 거냐고 물으면, 그것은 예의라고 받아 넘기며 자신이 좋아하는 분야의 책읽기에 몰두했다.

특히 초등학교 2학년부터는 《삼국지》를 읽으면서 고대에서부터 현대에 이르는 무기를 섭렵하고 그중 개인화기, 군사학, 전략 전술, 전쟁사 등에 깊게 빠져들기 시작했다. 그러더니 초등학교 4학년부터는 군복을 입고 침낭 속에 들어가 잠을 자거나, 무기백과에 관한 책을 써도 될 정도로 지식이 깊어졌다.

중학교에 가서도 시험을 볼 때, 예를 들어 과학시험 범위 내에서 암석 부분에 관심을 가지면 그날은 밤새도록 백과사전을 뒤져 암석 부분만 공부했다. 보다 못한 푸름엄마가 지나가면서 "박사 학위 논문 쓰십니까?" 하면서 한마디 해도 아랑곳하지 않고 오로지 암석만 집중해서 공부했다. 그런 후에 다음날 시험을 보고 와서는 "엄마, 시험에 암석은 별로 안 나왔더라고요."라며 멋쩍게 웃곤 했다.

고등학교에 들어가서는 도전 과제가 높아지자 말하지 않아도 학교 공부에 흥미를 느꼈다. 모의고사를 보면 전교에서 최상위권에 들 정도로 성적이 올랐다. 일본어 공부를 좋아했던 푸름이는 스스로 일본

어 공부를 열심히 했고, 일본어 실력을 바탕으로 당당히 일본의 간사이 대학교에 합격했고, 지금은 임상심리 전문 대학원을 졸업했다.

언제나 학교 성적보다 '내 아이'가 먼저여야 한다

지금까지 푸름이는 학교 공부를 위해 학원 한 번 다닌 적이 없고, 과열된 교육 경쟁 속에서 자라지도 않았으며, 외국에 연수 한 번 다녀온 적도 없다. 그저 금촌이라는 자연이 풍부한 소도시에서 신나게 뛰놀며 있는 그대로 사랑받고 밤을 새워가며 자신이 읽고 싶은 책을 마음껏 읽으면서 성장했을 뿐이다.

내 아이를 세상에 빛이 되는 인재로 키우고 싶다면 학교 시험 성적에 연연해하기보다는 아이의 능력에 비해 학교의 도전 과제가 적절한지를 파악하고, 외부의 조건에 흔들림 없이 아이를 전적으로 믿어주면서 능력에 맞는 도전 과제를 던져주어야 한다. 그러면 아이 내면의 힘이 유감 없이 발휘되어 학교 생활이 행복해질 뿐만 아니라 자신감 있고 능력 있는 인재로 성장할 것이다.

푸름아빠의 책읽기 어드바이스

Q **꼭 나이에 맞춰 책을 구입해 줘야 하나요?**

저는 여섯 살 딸아이와 25개월 된 딸아이의 엄마랍니다. 며칠 전 서점에서 초등학생용 세계명작 시리즈 한 권을 큰딸에게 사주었는데, 너무 재밌게 열심히 읽었답니다. 집에 있는 창작동화 시리즈는 동생 몫이 되어서, 아이는 그림이 드문드문 섞인 초등학생용 책을 원하는데, 꼭 연령에 맞는 책을 보여줘야 하나요?

A 책은 생활 연령에 맞추는 게 아니라 정신 연령에 맞춰 사줘야 합니다. 일찍부터 책을 즐겨 읽은 아이는 자기 나이보다 빠르게 지성이 앞서갈 수 있습니다. 따라서 다섯 살이지만 어른이 읽는 책을 보는 아이도 있고, 열 살이지만 어린 시절에 책 읽는 습관이 안 들어 세 살짜리가 읽는 책을 보는 아이도 있습니다. 여섯 살이지만 초등학생용 책을 본다면 그것은 어느 정도 책읽기 습관이 들었다는 증거이므로 아이가 좋아하는 책을 사주세요.

정신 연령이 안 맞는 책은 아이들이 읽어 내려가지 못합니다. 예를 들어 아직 추상적인 사고를 할 수 있는 능력이 발달되지 못한 아이에게 위인전을 준다면 읽을 수 없지요. 그렇다고 아이가 어느 정도의 정신 연령이 되었는지 엄마가 항상 정확하게 파악하기는 어렵습니다. 또한 아이의 지성은 계단처럼 한동안은 머물다가 한꺼번에 껑충 뛰면서 발달하기 때문에, 집에 책이 없다면 어느 수준의 책이 맞는지 알 수 없지요. 기본적으로 전집을 구비하고 있다면 아이가 보고 있는 책을 보며 아이의 독서 수준이 어느 단계에 와 있는지 파악할 수 있답니다. 전집이 줄 수 없는 분야의 책은 단행본으로 주어 책읽기가 균형 있게 발전할 수 있도록 도와주세요.

일곱, 형제 자매의 다름을 인정하고 서로 고유하게 사랑하라

자녀들이 다투는 게 유난히 거슬리고 다툴 때마다 화가 치솟는 부모라면, 어린 시절 형제나 자매 간에 다툼이 벌어졌을 때 야단을 맞거나 감정을 억압시켜 상처받은 아이가 부모의 내면에 숨어 있는 것은 아닌지 의심해 봐야 한다.

형제 자매 관계는 애초부터 서로 협력하는 관계가 아니다. 부모의 사랑을 서로 독차지하기 위해 경쟁하는 관계다.

하나만 키울 때는 그런 문제가 생기지 않는다. 부모는 아이의 눈빛을 보면서 정성을 다해 아이가 원하는 욕구를 충족시켜 주려고 노력한다. 아이의 몸과 마음은 무럭무럭 자라며, 부모와 자식 간의 관계도 평안하다.

그러나 둘째가 태어나면서부터는 모든 것이 달라진다. 갑자기 첫째가 이전에 보이지 않던, 아기 같은 행동을 하기 시작한다. 자기도 동생보다 큰 우유병에 우유를 달라고 조르거나, 잘 가리던 똥오줌을 싸거나, 엄마가 둘째를 안아주면 못 안게 밀쳐내는 등 동생에게 해코지를 하기 시작한다.

그나마 동생이 어릴 때는 참을 만하지만 조금 커서 돌아다니기 시작할 무렵, 첫째를 안아주면 둘째가 밀쳐내고, 둘째를 안아주면 첫째가 난리를 치면서 순식간에 생활은 엉망진창이 된다. 그렇게 좋아하고 잘 읽던 책도 어느 순간부터는 손도 대지 않고 하루 종일 빈둥대는 아이로 변한다.

도대체 어디서부터 잘못된 것일까? 엄마의 가슴 속에는 분노가 가득하고 자신도 모르게 소리치고 매질하고 있는 모습을 보면서 혹시 전생에 자신이 마귀할멈은 아니었는지 끊임 없는 자책감에 시달린다. 밀려오는 죄책감에 매번 아이에게 사과하지만 악순환은 하루가 멀다 하고 계속될 뿐이다.

푸름이를 만나 본 사람들은 푸름이가 사랑이 가득한 눈으로 동생 초록이를 쳐다보고 마치 부모가 자식을 위하듯 초록이를 아끼며 돌보는 것을 보고 놀란다. 초록이도 무엇을 먹거나 살 때면 항상 형 것을 먼저 챙긴다. 때로는 초록이가 없었다면 푸름이가 지금처럼 온전히 성장하기는 어려웠을 것이라는 생각마저 든다.

우리 부부는 푸름이와 초록이를 공평하게 사랑한 게 아니라 고유하게 사랑했다. 사랑을 50:50으로 공평하게 나누는 건 불가능하다. 첫째를 낳고 엄마는 마치 세상에 더 이상 사랑해 줄 대상이 없을 것처럼 첫째를 끔찍하게 사랑한다.

그러나 둘째를 낳고 나면 달라진다. 그전처럼 첫째가 부모의 관심을 받지는 못한다. 부모의 입장에서 둘째는 그저 존재하는 것만으로도 예쁘기 때문에 무엇을 잘하고 못하고를 떠나서 아무런 조건 없이 예뻐하는 경우가 많다. 엄마의 사랑은 물처럼 위에서 아래로 흘러간

다. 반면 아빠의 사랑은 첫째에게 변함이 없는 경우가 많기에 어찌보면 세상은 공평하다.

엄마는 흘러가는 사랑에 죄책감을 갖지 말고 첫째와 둘째가 원하는 사랑을 서로 다르게 줘야 한다. 첫째가 엄마를 생각할 때 엄마는 나를 고유하게 사랑한다고 느끼게 하고, 둘째 또한 엄마가 나를 고유하게 사랑한다고 느끼면, 아이들 사이에서 부모의 사랑으로 인한 다툼은 벌어지지 않는다.

그러기 위해서는 부모가 형제의 서로 다름을 인정하고 그 다름을 사랑해야 한다. 말하자면 편애가 아닌 고유한 방식으로 아이들을 사랑해 줘야 한다는 뜻이다. 서로를 비교하는 순간 모두에게 큰 상처를 남길 뿐이다.

푸름엄마는 푸름이에게 책을 읽어주는 동안은 초록이를 업어주면서 사랑을 느끼게 했고, 초록이를 안아줄 때는 다리 하나를 푸름이에게 내어주면서 끊임없이 일관되게 사랑의 메시지를 전했다.

한편 우리 부부는 초록이로 인한 푸름이의 퇴행 현상을 당연하게 있는 그대로 받아주었다. 부모의 사랑을 온몸으로 받아오던 첫째에게 있어 둘째의 탄생은 왕위를 빼앗긴 것만큼 절망적인 사건이 아닐 수 없다. 자기는 노력해서 이만큼 하는 건데 동생은 가만있어도 관심을 받으니, 혹시 동생처럼 행동하면 부모의 사랑을 받을까 싶어 아기처럼 굴면서 부모가 아직도 나를 사랑하는지 끊임없이 시험한다.

부모가 첫째아이의 퇴행을 있는 그대로 받아주면 아이는 부모의 사랑이 변함없음을 확인한 후 퇴행을 멈추고 성장으로 돌아서게 된다. 하지만 동생 때문에도 힘든데 너까지 왜 힘들게 하냐며 야단을 치고 의젓해지기만을 요구한다면, 아이는 부모의 마음에 들기 위해 착한 아이의 가면을 쓰고 평생을 내가 아닌 남으로 살아가게 된다.

현명한 부모는 첫째아이와 의논하면서 둘째아이를 키운다. 그러기 위해서는 첫째아이와 둘째아이 사이의 터울은 대략 36개월에서 40개월 정도가 적당하다고 생각한다.

둘째아이가 태어나기 전에 첫째아이가 읽기 독립이 되어 있다면, 프라이버시를 침입당하지 않는 첫째아이만의 공간을 갖게 해주는 것도 좋다. 그러면 형제 자매 사이의 다툼은 최소화된다.

둘째아이가 태어나고 첫째아이의 책읽기가 멈췄다면 분명 마음에 상처를 입은 것이다. 부모의 배려 깊은 사랑으로 아픈 마음을 치유해주고 마음의 안정이 이루어져야 비로소 아이는 다시 책에 몰입하게 된다. 마찬가지로 부모 역시 자신의 내면을 들여다보면서 상처받은 내면아이를 달래주어야 한다. 자신이 원래부터 사랑받는 존재였음을 깨달을 때 진정으로 변화하고 성장하면서 아이를 대하는 태도도 달라질 것이다. 상처받은 내면아이의 치유에 대해서는 《사랑하는 아이에게 화를 내지 않으려면》에 자세하게 기술해 놓았다.

푸름아빠의 책읽기 어드바이스

Q 동생이 생긴 후로는 책을 잘 보지 않아요

36개월 된 우리 딸은 동생이 생기기 전에는 매일 밤마다 적어도 10권씩은 자기 전에 규칙적으로 책을 읽는 습관이 있었어요. 그땐 절대 혼자서 책을 안보고 무조건 읽어줘야 했지요.

그런데 동생이 생긴 후로 책을 읽자고 하면 싫다고 하네요. 동생이 생겨서 그런지 책에 흥미가 떨어졌나 걱정이 무척 됐는데 이젠 가끔씩 혼자 슬쩍 책을 보기도 해요. 책 읽는 양은 부쩍 줄었고요.

둘째가 생기기 전에 큰애한테 책 좀 많이 읽어줄 걸 하는 후회가 듭니다.

A 아이가 일시적으로 책을 안 읽는 것은 동생이 태어남으로써 환경이 급격하게 변했기 때문입니다. 책읽기 독립이 완전히 이루어지기 전에는 환경이 조금만 변해도 일시적으로 책 읽는 양이 줄어들 수 있습니다.

예를 들어 블록을 사주거나 새로운 비디오가 들어와도 그것에 몰두하기 때문에 책 읽기가 뜸해지곤 합니다. 그러나 이전에 꾸준히 해왔기 때문에 걱정할 필요는 없습니다. 곧 자기에게 적합한 책이 있고, 부모가 계속 자신을 사랑한다고 느끼게 해주며, 책읽기를 격려한다면 다시 책을 좋아하는 아이가 될 것입니다. 아이의 정서를 받아주어 마음을 안정시켜 주세요.

여덟, 장난감 대신 백과사전을 주어라! 어휘력이 풍부하고 기초 지식이 튼튼한 아이로 자란다

처음《푸름이 이렇게 영재로 키웠다》라는 책을 낸 이후 오랜 시간 강연을 해오면서, 매 강연마다 아이들을 키우는 집에서는 꼭 어린이용 백과사전이 있어야 함을 강조해 왔다.

그렇다면 어린이용 백과사전은 왜 필요할까? 만약 백과사전을 숙제하는 데 필요한 책으로 인식한다면, 차라리 인터넷을 통해 자료를 수집하는 편이 더 낫다.

백과사전을 아이의 지적 호기심을 잃지 않게 해주는 도구로 받아들여, 아주 어린 시절부터 장난감 대신 가지고 놀게 해보자. 어떤 아이든 책을 좋아할 뿐만 아니라 어휘력이 풍부하고, 기초 지식이 튼튼한 집중력 있는 사람으로 성장할 것이다.

푸름이가 30개월 되기 전에 백과사전에서 본 내용들에 대해 내게 설명해 주었는데, 그 모습을 보며 나는 백과사전의 위력을 새삼 깨닫게 되었다.

생애 초기에 아이에게 어떤 환경이 주어지느냐에 따라 훗날의 성장이 결정된다. 책도 마찬가지다. 그런 의미에서 어린이용 백과사전은 여러 가지 측면에서 아이의 성장에 결정적인 영향을 미친다고 본다.

백과사전을 읽어야 하는 이유

첫째, 백과사전은 다양한 언어를 만나게 해줌으로써 지능을 향상시킨다.

우리가 흔히 아이큐(IQ)라 부르는 지능검사들의 상당수가 아이의

푸름아빠의 읽기 독립 노하우 10

지성을 평가하는 주요 척도로 어휘력을 사용하고 있다. 예를 들어 다섯 살짜리가 도시 중류 가정의 다섯 살 아이가 보편적으로 알고 있는 단어를 알고 있다면, 그 아이의 지능지수는 100이라고 할 수 있다. 물론 지능지수를 너무 신뢰할 필요야 없지만, 아이에게 풍부한 언어 환경을 만들어주면 아이는 좀 더 똑똑하고 지능지수가 높은 아이로 성장하게 된다.

아이를 키우면서 책이 없다면 엄마가 쓰는 언어는 한정될 수밖에 없다. 그러나 어린이용 백과사전을 보면서 그림을 손으로 짚어 그림 아래에 기술된 용어들, 때로는 대학에서나 배울 수 있는 용어라고 해도 쉬운 표현으로 이해시켜 주면 아이는 쉽든 어렵든 가리지 않고 어휘를 흡수한다. 백과사전만큼 다양한 어휘를 줄 수 있는 방법은 그렇게 많지 않다.

둘째, 백과사전은 지적 호기심을 발달시킨다.

아이의 지성은 계단처럼 발달해 간다. 아이들은 먼저 "이게 뭐야?" 하는 시기를 거쳐 "왜 그래?" 하고 묻는 단계로 발전한다. '왜 그래 단계'로 발전하면 시도 때도 없이 "왜 그래?"라고 물어보는 바람에 부모는 도대체 어디서부터 어떻게 설명해 줘야 할지 곤혹스러움을 느끼는 경우가 많다.

그것은 아이들의 질문이 순수하고 근원적이기도 하지만, 추상적인 질문을 아이들이 받아들일 수 있는 구체적인 표현으로 대답해 주기에는 부모의 언어가 부족함을 느끼기 때문이다.

따라서 아이가 "엄마, 아기는 어디서 왔어?"라고 질문하면 그저 "다리 밑에서 주워왔지." 하고 대답하거나 "황새가 물어왔단다." 하는 식으로 대충 얼버무리곤 한다. 이때 그림으로 된 백과사전을 펴놓고 그림을 보면서 차근차근 설명해 주면 분명하게 사고할 수 있는 기초를 아이에게 심어주게 된다.

지적 호기심을 충족한 아이들의 사고는 끝없이 새로운 호기심으로 가득 차게 되고, 그 호기심을 따라가다 보면 아이는 어느새 훌쩍 총명한 아이로 성장해 있을 것이다.

반면 지적 호기심을 충족시키지 못한 아이들은 그 다음부터 더 이상 "왜 그래?"라는 질문을 하지 않게 된다.

셋째, 백과사전을 통해 분류를 배운다.

영재 교육의 효시라고 알려진 칼 비테의 아버지는 먼저 자연에 나가 오감을 통해 경험시킨 다음 저녁에는 책을 펼쳐놓고 그날 보고 느꼈던 사물을 책을 통해 확장해 나가는 교육 전략을 선택했다.

나도 푸름이를 키우며 강가에 나가 물고기를 잡아 보여주고 그날 저녁 칼 비테의 아버지처럼 도감류를 펼쳐놓고 잡은 물고기의 이름을 이야기해 주었다. 그러자 푸름이는 27개월 이전에 이미 60여 종의 물고기를 구별할 수 있었다. 그 모습을 직접 지켜보면서 나는 자연의 위대함을 새삼 깨달았다.

하나의 물고기 종을 분류하면 곧바로 버섯, 곤충, 나무, 공룡 등 자연의 모든 종류에 대한 분류를 배워가면서 아이의 지성은 무서운 속도로 발전해 나간다. 자연에 나가 직접 자연을 경험시키고, 백과사전을 통해 분류를 확장시킨다면 아이의 지성은 상상할 수 없는 속도로 무섭게 발전해 갈 것이다.

넷째, 백과사전은 모든 학문의 기초를 형성해 준다.

아이들은 비슷한 것을 반복하면서 배워간다. 같은 책을 수십 번씩 반복하면서 책 내용을 자기 것으로 소화해 가는 것과 마찬가지로, 어린 시절에 흥미롭게 보았던 내용을 학교에서 다시 반복해서 배운다면 쉽게 받아들일 뿐 아니라 기억에도 오래 남는다.

어린이용 백과사전은 모든 분야를 다룬다. 상상력을 키워 줄 수 있고 과학, 역사, 문학, 예술 등 모든 분야에 대한 기초 지식을 그림과 함께 보면서 흡수할 수 있게 해준다. 학교에서 배우는 전체 초등 과정의 정보 양과 어린이용 백과사전을 비교해 보면, 오히려 백과사전의 정보가 훨씬 풍부하며 이해하기도 쉽다.

또한 교과서나 학교 수업에서 내용을 잘 이해하지 못했을 때, 그 부분을 다시 백과사전을 찾아보면서 공부한다면 어느 한 단원을 이해하지 못해 훗날 성장해서까지 그 분야에 대한 공포심을 갖지 않아도 될 것이다.

어린이용 백과사전은 다양한 그림과 사진 자료들로 되어 있어서 아이가 쉽게 받아들일 수 있고, 설명 또한 대화체로 쉽게 기술되어 있다. 그리고 무엇보다도 정확한 고증을 거쳐 전문가들이 체계적으로 구성했기 때문에 아이들이 부작용 없이 빠르게 정보를 받아들일 수 있다.

백과사전 활용에 재미를 붙인 아이라면 아침에 눈을 떴을 때 먼저 백과사전부터 찾게 될지도 모른다. 백과사전을 아이와 친숙하게 해줌으로써 우리 부부가 푸름이를 키우며 느꼈던 즐거움을 모든 부모들이 함께 느끼기를 기대한다.

Q 어떤 백과사전을 선택해야 하나요?

사랑스러운 아들과 이야기를 나누고 여기저기 보이는 사물에 대해 이야기를 나누려면 모르는 게 너무 많다는 생각이 들어요. 백과사전을 구입하려고 하는데 어떤 것을 구입해야 할지 모르겠어요. 선택 방법을 알려주세요.

A 백과사전은 아이를 키우는 집이라면 하나씩은 있어야 합니다. 엄마가 모르는 사실을 찾아 아이에게 가르쳐줄 수도 있지만, 궁금한 것이 있으면 백과사전을 찾아보는 과정에서 아이는 은연중에 탐구심을 기르게 됩니다.

사실 영재를 판별하는 기준 중에 백과사전이나 과학책 등의 책을 보기를 원하느냐고 묻는 항목이 있습니다. 또한 빌 게이츠가 이미 아홉 살에 백과사전을 보면서 성장했다는 기록이 있을 정도로 백과사전은 아이의 교육에 중요합니다.

많이 보는 백과사전으로는 《두산세계대백과》, 《21세기 학습백과》, 《브리태니커 백과사전》 등이 있습니다. 브리태니커에서 발행한 《비주얼사이언스 백과》는 과학의 원리를 생생한 그림으로 설명하여 보기 편합니다.

여행 갈 때 자연에 관한 백과사전 두 권만 차에 실어두면 언제든 궁금할 때 찾을 수 있어 좋습니다. 백과사전을 장난감처럼 아이에게 보여주세요. 그림을 보면서 대화를 나누다 보면 어느새 아이가 소설책 보듯이 백과사전을 읽고 있을 겁니다. 그러면 교육은 완전히 선순환으로 돌아서며, 그때부터 부모가 나서서 해줄 것은 별로 없어지게 됩니다.

아홉, 한글은 하루라도 빨리, 재미있게 가르쳐라

전국 대부분의 교육청에서 실행한 '아침독서 10분 운동'에 관한 책이 처음 나왔을 때 추천사를 써달라는 부탁을 받고 한순간 절망했던 기억이 생생하다. 일본의 1만 8천여 개 학교에서 시행된 아침독서 운동 때문에 학생들의 등교 기차 시간이 맞지 않아 기차 시간 표가 조정되었다는 내용을 읽으면서 이러다가는 일본에 뒤처진다는 생각이 들었다.

하지만 일본은 글자가 한글만큼 쉽지 않아서 초등학교 2학년까지 는 선생님이 책 내용을 일일이 읽어준다는 대목을 읽고는 내심 쾌재 를 불렀다.

누군가 나에게 가장 존경하는 위인이 누구냐고 묻는다면 조금의 망 설임도 없이 세종대왕이라고 대답할 것이다. 세종대왕이 계셨기에 우리는 한글이라는 위대한 문자를 갖게 되었다. 세계적인 언어학자들은 한글이 가장 배우기 쉽고 과학적이어서 세계의 문자 중에서도 으뜸이라고 입을 모은다.

중국이나 일본 기자들이 부러워하는 것 가운데 하나가 우리나라 기자들이 인터뷰 내용을 컴퓨터 자판에 바로 받아 치는 것이라고 한다. 정보통신 시대에 가장 경쟁력 있는 문자가 바로 한글이고, 우리나라가 정보통신 강국이 되는 데 한글이 큰 기여를 했다는 것은 많은 사람들이 인정하는 바다.

하지만 한글이 가진 위대함을 아이들의 교육과 관련해서 보는 사람은 그리 많지 않다. 우리 아이들은 이런 한글 덕분에 세계 어떤 나라의 아이들보다 5년은 일찍 책을 읽을 수 있다. 한글을 안다는 건 문자의 세계가 열리는 것이고, 일단 문자의 세계가 열리면 아이들 스스로 책을 읽으면서 순식간에 지식을 흡수하게 된다. 즉 눈덩어리가 굴러가듯 아이들의 지식이 무한대로 증가하는 것이다.

그런데 글자를 일찍 가르치면 창의력이 떨어진다며 한글을 가르치지 않는 부모들이 많다. 창의력이 떨어진다는 말은 이 땅에서 시작된 진정한 교육이 없다는 의미다.

서양의 알파벳을 쓰는 나라에서 글자를 일찍 가르치면 창의력이 떨어진다는 말은 일리가 있다. 알파벳에는 뒤집으면 똑같아지는 음소가 있어 문자를 일찍 가르치면 난독증이 되기 쉽다. 그리고 음소가 혼돈스러워 문자에 집착하다 보면 그림을 보지 못하기 때문에 확산적 사고를 할 수 없어 창의력을 기르기도 어렵다.

서양의 글자 상황에 맞는 이러한 이론이 아무런 검증도 없이 들어온 결과, 우리에게 어릴 때는 문자를 가르치지 말라고 하니 참으로 어처구니 없는 일이 아닐 수 없다.

놀이하듯 재미있게 가르치면 된다

한글은 어릴수록 쉽게 배운다. 72개월이 넘어서면 추상적인 것을

그래 그래, 맞았어.
우리 민지 정말
잘 읽네!

이해하기 때문에 자모음 조합 원리에 따라 한글을 가르치는 것이 쉽다. 하지만 주로 자극을 통합하는 방식으로 정보를 처리하는 그 이전 시기에는 '엄마'라는 말을 할 때 '엄마'라는 통문자를 놀이하듯 재미있게 가르치면 한글을 보다 쉽게 흡수한다.

다만 한글을 가르칠 때 엄마의 입에서 "이 글자와 저 글자가 네 눈에는 똑같아 보이니?", "누구를 닮아 이렇게 못하는 거야?", "대체 몇 번이나 가르쳐줘야 하니?"와 같이 학습만을 강조한 잔소리가 쏟아지면 아이가 배움에 대한 즐거움을 잃어버릴 수 있으므로 조심해야 한다.

부모들이 좀더 일찍 한글의 위대함을 깨닫고 교육에 적용시킨다면 세계를 이끌어갈 인재를 우리 손으로 척척 길러 낼 수 있으리라 확신한다.

푸름아빠의 책읽기 어드바이스

Q 한글은 언제부터 가르치는 게 좋을까요?

저는 36개월 된 아들을 키우고 있습니다. 한글을 가르치는 적당한 시기는 언제쯤인가요? 예전에 한글나라를 하다가 너무 이른 것 같아서 그만두었어요. 요즘 다시 한글나라 교재를 활용해 가르치고 있는데 아이가 너무 지루해하는 것 같아서 그냥 내버려 두고 있답니다. 어떻게 해야 한글을 잘 가르칠 수 있을까요? 남들보다 빨리 한글을 깨쳤으면 하는 욕심도 있어요. 좋은 방법 있으면 알려주세요.

A 세계적인 학자 글렌도만은 글을 배우는 시기가 빠를수록 쉽게 배울 수 있다고 했습니다. 저도 물론 이 원칙에 100퍼센트 동의하지만 가르치는 방법이 잘못되면 그만큼 부작용도 큰 것이 사실입니다.

한글을 배우는 가장 적당한 시기는 '엄마'라는 말을 할 때입니다. 엄마를 자연스럽게 말할 때 엄마라는 글자도 가르쳐주는 것이지요. 다만 한글을 빨리 배우기 위해서는 그 이전에 사물을 인지하는 단계가 선행되어야 합니다. 책을 많이 읽어주고 자연에 나가서 사물을 체험하며 많은 대화를 통해 사물을 인지하는 능력이 길러진 아이는 문자라는 상징을 쉽게 받아들이게 되지요.

이러한 과정 없이 남과 비교해서 욕심 때문에 한글을 강요하게 되면 배움 자체에 대한 흥미를 잃어버릴 수 있습니다. 재미있는 놀이를 통해 가르치면 쉽게 배울 수 있지만, 한글을 안다고 책 읽는 습관이 자연스럽게 길러지지는 않습니다. 책읽기는 어릴 때부터 배움에 대한 즐거움이 몸에 배어 있어야 하거든요.

한글 가르치기를 시도했다가 너무 이른 것 같다는 판단이 들어 빨리 중단하고 강요하지 않고 기다린 것은 아주 현명한 결정이었습니다. 아이가 정서적으로 한글 배우기가 싫다는 느낌을 갖게 되면 그 이후에는 한글을 가르치기가 무척이나 어려워지고, 정보를 받아들이는 면에서도 현저하게 뒤처질 수 있으니까요.

당분간은 책을 읽어주는 데 주력하세요. 책이 즐거워 시도 때도 없이 조를 때 슬쩍슬쩍 한마디씩 던져 보세요. "글자를 알면 이 재미있는 책을 혼자서도 얼마든지 볼 수 있단다." 하면서 혼자서 책을 읽었으면 하는 동기를 자극해 주시기 바랍니다.

그리고 어쩌다 한 글자만 읽어도 하늘이 떠나갈 듯 칭찬해 주세요. 부모가 스스로 책읽는 능력을 얼마나 높이 평가하는지 아이가 느낄 수 있도록 해주면, 아이의 글을 읽고 싶은 마음은 점점 커질 것입니다.

또한 아이 스스로 필요해서 배우게 될 때 가장 무서운 속도로 받아들이게 된다는 것도 꼭 기억해 주세요.

유아 교육 전문 무료 사이트인 푸름이닷컴 홈페이지에 들어가면 '푸름이광장' 내에 '유아부모' 게시판이 있습니다. 'ㅇ깡총이ㅇ'이라는 닉네임을 검색해 보면 17개월 남자 아이가 엄마에게 책을 읽어주고 있다는 것을 알 수 있습니다. 엄마가 아이에게 어떤 문자를 어떻게 주었는지 상세하게 기술되어 있으므로 참고하세요. 푸름이 엄마의 '한글 똑떼기' 동영상과 닉네임 '타이거'의 글을 읽어보면 놀이와 재미로 한글을 어떻게 주는지 알 수 있을 것입니다.

열, 들어갈 때와
나올 때를 아는 부모가 돼라

아이가 혼자 블록을 쌓거나 퍼즐을 맞추면서 끙끙거리는 모습이 안타깝다고 부모가 슬쩍 하나를 옮겨주면 아이는 그 자리에서 뒤집어진다. 또 어느 때는 손 하나 까딱하지 않으면서 엄마나 아빠에게 그림을 그려 달라고 떼를 쓰기도 한다.

도대체 어느 장단에 맞춰 춤을 춰야 하는지, 아이가 하는 일을 부모가 어느 정도 도와주는 게 적당한지 알기란 쉽지 않다.

교육학에는 '근접발달기'라는 개념이 있다. 이는 러시아의 학습이론가인 레프 비고츠키가 제안한 개념으로, 아이는 지식을 갖춘 성인의 도움을 받으며 편안한 상태에서 학습에 임할 때 가장 성취도가 높다고 한다. 여기서 근접발달기란 어른의 도움을 받으면서 아이가 학습 과제를 완수할 수 있는 범위를 말한다.

예를 들어 아이가 퍼즐을 맞춘다고 할 때 아직 나이가 어려 전혀 맞추지 못하면 부모가 아이의 손을 잡고 하나하나 맞추는 것을 도와주어야 한다. 하지만 아이의 능력이 점점 발달해 스스로 퍼즐을 맞출 수 있는 수준에 이르면 부모는 돕고 싶은 마음을 억제하면서 아이가 스스로 해볼 수 있는 기회를 주어야 한다. 그래야 자기주도성이 커지면서 어려운 과제도 스스로 해결할 수 있는 힘을 갖게 된다.

근접발달기의 개념은 부모가 선생님이 되어 아이를 끌고 갈 때도 있지만, 어느 시점을 지나면 한발 물러서서 지켜봐야 아이들이 더 좋은 발달과 성취를 이룰 수 있음을 의미한다.

이를테면 구연동화를 잘하는 엄마들은 아이를 책읽기에 끌어들일 때 탁월한 능력을 발휘한다. 엄마가 목소리의 톤을 바꿔가면서 할머니, 할아버지, 때로는 늑대의 목소리로 책을 읽어주면 아이의 상상력은 하늘을 날고 책의 내용은 아이에게 더욱 생생한 체험으로 다가온다.

그러나 읽기 독립을 해야 할 시기에는 구연동화가 오히려 읽기 독립을 방해하여 아이 내면에서 발휘되는 상상의 힘을 제한할 수도 있다. 엄마가 너무 재미있게 읽어주면 아이는 스스로 읽으려 하지 않기 때문이다. 또한 엄마가 미리 구연동화를 통해 상상해 주므로 아이는 스스로 상상의 날개를 펼치려 하지 않는다. 따라서 이 시기에는 아이가 그냥 읽어 달라고 요구하면 그냥 평범하게 읽어주는 것이 바람직하다.

부모의 욕심을 조금만 버리면 아이는 행복하다

영어동화책을 읽어줄 때도 영어로 읽은 다음에 우리말로 바로 해석해서 읽어주면 아이들은 그림을 통해 스스로 해석해 보려는 힘을 발전시키지 못한다. 영어를 읽어주고 조금 기다리면 엄마가 쉬운 우리말로 해석해 주는데, 굳이 아이가 힘들게 영어의 음성과 그 음성에 해당하는 이미지를 연결시킬 필요가 있겠는가?

때로는 지나치게 적극적인 부모의 태도가 한껏 도약해야 할 아이의 발목을 붙잡기도 한다. 그렇다고 자녀 교육에 지나치게 수동적인 태도를 취하는 것 또한 아이의 발달에 전혀 도움이 되지 않는다.

따라서 현명한 부모라면 언제 주도적으로 들어가고 또 언제 물러나야 하는지를 정확하게 구별할 수 있어야 한다. 물론 이것이 말처럼 쉽지만은 않을 것이다. 하지만 꾸준한 관심과 배려 깊은 사랑으로 아이의 발달을 관찰하고, 아이의 눈빛을 보면서 아이의 마음을 읽으려 노력하며, 지나친 욕심을 버린다면 누구나 깨닫게 될 것이다.

그러기 위해서는 우선 부모부터 자기 자신을 믿고 또 아이를 믿어야만 한다. 아이들은 원래 이 세상에 태어날 때부터 독특하고 활기차며 사랑이 가득한 유일무이한 존재다. 내 자녀가 주도적으로 자기 삶을 살도록 부모가 믿고 기다려 준다면, 아이는 고유의 넘치는 활력과 에너지를 어른이 되어서도 그대로 유지하면서 세상을 수치심과 두려움 없이, 그리하여 거침없이 행복하게 살아갈 것이다.

Q 아이를 독서영재로 키우고 싶어요

우리 딸은 이제 20개월이 되었어요. 딸아이가 뱃속에 있을 때는 마음을 편히 가지려고 노력했고, 태어나서는 책을 읽어주려고 했는데 잘 되지 않았어요. 돌이 지난 후부터 다시 책을 읽어주려고 노력을 해서 지금은 그런대로 책을 읽습니다. 어떤 날은 많이 읽기도 하고 어떤 날은 전혀 읽지 않는 날도 있지만 말이죠. 저는 우리 딸을 독서영재로 키워보고 싶습니다. 태교 때부터 열심히 하지 않았지만, 지금 시작해보려고 하는데 아직 늦지 않았겠죠?

A 이제 20개월이라면 지금까지 사랑만 충분히 주었다면 그것으로 충분합니다. 절대 늦지 않았습니다. 또한 스스로 마음을 편하게 하자고 태교를 하셨잖아요. 태교에서 중요한 것은 아이를 있는 그대로 환영하고, 엄마 마음을 편하게 하며, 태담을 해주는 것입니다. 마음을 편하게 가졌기에 아이도 느긋하게 성장할 것입니다.

지금까지 대화를 많이 나누어 주고 아이를 충분히 사랑해 주었다면 모든 기초는 만들어진 것입니다. 어떤 날은 책을 많이 읽고 어떤 날은 책을 읽지 않는다는 것은 아이의 컨디션에 따라 어머님이 자연스럽게 움직인다는 생각이 듭니다. 이것은 어떤 규칙을 정해놓고 그 규칙에 아이를 맞추려는 어머님들보다 훨씬 자유로운 상태에서 아이를 키우는 것이지요. 아이에게는 자기 나름의 발걸음이 있고 숨겨진 빛이 있습니다. 남과 비교하지 마세요. 지금까지도 잘해왔습니다.

많고 다양한 책 중에 어떤 책을 선택해야 하는지, 또한 우리 아이

수준에 맞는 좋은 책은 어떤 책인지 항상 궁금한 것이 부모의 마음

이다. 이번 장에서는 이러한 부모의 마음을 시원하게 풀어 줄 수 있

게끔 영역별로 자세하게 책 고르는 방법을 알려줄 것이다.

Part 05

푸름아빠가 알려주는 영역별 책 고르기

자연관찰 · 자연동화 영역

자연관찰책

자연도감 등 자연관찰 영역에 속하는 책들은 아이가 주위 자연환경에서 쉽게 접할 수 있는 대상이나 일어날 수 있는 일들을 지각하고, 받아들인 정보를 해석하며 조작하고, 그것을 기억해 내는 것과 밀접하게 관련되어 있다.

아이가 처음 태어나서 보는 책은 이야기로 된 책이 아니다. 아이는 처음에 자기 주변에 있는 사물이나 고양이, 개 같은 동물들을 구별하고 그 이름을 배우게 된다. 따라서 이때 접하는 책은 다양한 사물 인지나 자연 인지가 가능한 책들이 좋다.

특히 자연관찰책들은 아이의 인지능력을 기르는 데 큰 도움을 줄 수 있다. 돌 이전 아이들의 경우 집안과 집 주변 등 아이에게 주어지는 환경 자극이 제한적일 수밖에 없는데, 자연관찰 영역의 책을 접하게 함으로써 보다 풍부한 자극을 줄 수 있기 때문이다.

지성이란 구별할 수 있는 능력이다. 아이가 자연의 여러 대상을 구별한다는 것은 결국 지성이 발달해간다는 증거다. 자연관찰책을 처음 접할 때는 단계를 높이는 것보다는 오히려 수평적으로 넓혀 좀더 많은 것을 구별하게 해주는 것이 좋다.

자연동화책

여자아이와 남자아이는 책을 읽는 성향이 다르다. 여자아이들은 보통 창작은 좋아하지만 자연과 과학 관련 책을 싫어하는 경향이 있고, 남자아이들은 자연과 과학 분야는 좋아하지만 창작은 멀리하는 경향이 있다. 이것은 남자와 여자의 발달 과정이 서로 다른 데서 기인한 것이다.

예로부터 남자는 집안의 가장으로서, 사냥을 나갔다 길을 잃는 것은 곧 죽음을 의미하므로 공간지각 능력을 발전시켜 왔다. 반면 여자는 그와 달리 가족을 돌보며 관계 지향적이어야 했기 때문에 언어 능력을 발전시켜 왔다. 따라서 남자아이들은 자연에 관심을 기울이고 여자아이들은 이야기를 좋아하는 이유가 여기에 있는 것이다.

이럴 때 절충할 수 있는 적합한 장르가 바로 자연동화책이다. 자연동화책은 지식을 이야기 속에 담아 보여주는 책이다. 자칫 딱딱하거나 무거울 수 있는 자연이나 과학에 관련된 내용을 이야기로 전하기 때문에 여자아이건 남자아이건 자연스럽게 받아들이게 된다.

또한 사실을 그대로 전해 주는 게 아니라 줄거리가 있기 때문에 아이가 읽어 내려가는 동안 자연이나 과학의 원리를 자신도 모르게 부담 없이 쏙쏙 흡수하게 되는 장점을 가지고 있다.

Q **자연도감을 어떻게 활용해야 하나요?**

얼마 전에 식물도감, 동물도감, 나무도감, 곤충도감을 샀어요. 그런데 별로 활용을 못하고 있어요.

우리 아이는 이제 16개월이 되었고, 책은 좋아해서 계속 읽어달라고 해요. 가끔 도감도 보여달라고 하고요. 그러면 그냥 그림책처럼 보여주기만 할 뿐 그 이상은 활용을 못해 주고 있습니다. 어떻게 활용하면 좋을까요?

A 우선 자연에 나가 여러 동식물을 보여주세요. 그리고 그날 저녁에는 도감을 펼쳐놓고 낮에 본 것에 대해 이야기를 해주세요. 도감을 플래시 카드처럼 빠르게 넘기면서 동식물의 이름을 이야기해 주거나, 그림을 보면서 엄마의 언어로 대화를 나누어주는 것도 좋아요.

예를 들어 토끼를 본다면 손으로 짚으면서 "토끼의 눈은 빨가네요. 귀도 무척 길지요." 하는 식으로 이야기를 나누어주면 된답니다.

무엇을 가르친다는 생각보다는 그저 아이와 함께 놀면서 지나가듯이 보여주세요. 물론 엄마도 재미있다는 느낌을 아이에게 주어야 합니다. 될 수 있으면 자연에 나가 오감을 통해 받아들이게 하고, 그런 다음에 도감을 보여주어 지식을 확장해 나가는 전략을 사용하시기 바랍니다.

수학 · 과학 영역

수학동화책

대부분의 어머니들은 '수학' 하면 먼저 더하기 빼기를 연상하는데, 더하기 빼기로 가기 전까지 우선 세 단계를 거쳐야 한다.

첫째 단계는 하나, 둘, 셋을 구별하는 단계고, 둘째 단계는 하나, 둘, 셋을 셀 때 마지막 숫자인 셋이 전체를 의미한다는 것을 아는 단계며, 셋째 단계는 내가 다른 아이들보다 많이 가졌는지 적게 가졌는지를 비교하는 단계이다.

이야기로 재미있게 풀어내는 수학동화는 셋째 비교의 단계를 동화 속에서 자연스럽게 접할 수 있는 다양한 기회를 줌으로써 4세 이전이라도 수학의 기본인 논리적 사고력을 기르는 데 도움을 준다. 또한 딱딱한 수학을 이야기로 설명해 나가기 때문에 '수학' 하면 떠오르는 어렵고 복잡하며 골치 아픈 개념을 쉽고 흥미롭게 이해하게 해준다. 게다가 아이의 일상생활과 연계해 받아들일 수 있다는 점도 수학동화의 장점이다.

과학동화책 · 과학책

과학 영역의 책들은 동식물, 인체, 물리, 화학, 지구, 우주, 환경 등을 포함하는 다양한 과학 분야의 기초 지식을 전달한다. 생활 속에서 무심코 지나갈 수 있지만 우리의 생활과 밀접하게 관련된 수많은 과학 원리들을 비롯해, 우리가 살고 있는 지구에 존재하는 모든 동물과 식물들에 대한 흥미진진한 정보들로 이루어져 아이의 지적 호기심을 자극한다.

특히 과학동화책은 자칫 딱딱한 과학 원리들을 이야기로 풀어내어 부담없이 재미있게 볼 수 있다.

푸름이가 어릴 때 과학 분야의 책을 열 질 정도 사 주었다. 푸름이는 수준이 비슷한 여러 출판사 책을 봄으로써 좀 더 깊고 다양하게 과학에 대한 흥미를 유지시키고 배울 수 있었다.

자연이나 과학 탐구에 관련된 책을 활용할 경우에는 부모가 먼저 읽은 후에 자연으로 나갈 때나 혹은 주변에서 과학 원리를 실제로 접하게 될 때, 과거에 읽은 내용을 부모의 언어로 다시 전달해 주는 방식이 효과적이다. 그러면 아이는 부모가 가르쳐 주는 사실과 책에서 본 내용들을 통합해 흡수할 수 있다.

　이렇게 흡수된 기초지식들은 훗날 여기에 관련된 보다 수준 높고 다양한 과학 정보들을 접하게 될 때, 깊은 수준의 지식으로 통합해 발전시켜 나갈 수 있는 초석이 된다. 뿐만 아니라 과학적 사고를 하는 가운데, 합리적이고 논리적이며 창의적으로 사고할 수 있는 능력도 함께 길러가게 된다.

푸름아빠의 책읽기 어드바이스

Q 과학 관련 책을 좋아하게 하는 방법이 있을까요?

아이가 과학 관련 책들은 별로 좋아하지 않아요. 그냥 창작동화들만 좋아합니다. 책을 마음먹고 읽히기 시작한 지 몇 개월 안 되어서 그런 걸까요? 전 오히려 창작보다는 지식이 전달될 수 있는 과학동화나 과학 관련 책들이 더 좋은데, 좋아하게 만드는 방법은 없을까요?

A 이전에 책을 안 읽어주었고 책과 접촉하는 빈도가 적었다면 책을 좋아하게 만드는 데는 어느 정도 시간이 필요합니다. 특히 과학동화나 과학 관련 책들은 창작동화보다 어렵기 때문에 읽기가 쉽지 않습니다. 먼저 아이가 좋아하는 창작동화를 읽혀 주세요. 창작동화를 통해 책에 재미를 느끼게 한 후 어느 정도 어휘를 습득한 다음에 과학책들로 끌고 가는 것이 현명한 방법입니다.

과학책을 안 좋아한다면 자연에 나가 이것저것 보여주고, 집에 와서 다시 책을 펼쳐놓고 자연에서 본 동식물을 분류하게 하세요. 또는 주변의 간단한 과학 원리들을 엄마와의 체험을 통해 이야기해 주세요. 구체적인 사물을 오감을 통해 받아들이고 책을 통해 조심스럽게 확장해 나가면 어느 순간 아이가 과학책을 즐겁게 읽고 있을 겁니다.

칭찬과 격려, 엄마의 꾸준한 관심, 자연을 경험할 수 있는 환경, 그리고 자연에 관한 재미있는 책들만 있으면 된답니다.

사회문화 · 백과 영역

사회문화책

사회문화 영역은 사회나 문화에 관한 내용을 재미나게 풀어낸 책으로, 우리가 살고 있는 사회나 문화의 또 다른 측면을 엿볼 수 있는 기회를 제공한다. 21세기 국제화 시대에 세계는 점점 더 다양하고 복잡해지면서 각 나라들간의 상호 보완적인 기능이 더욱 필요해지고 있다. 따라서 현대 사회가 요구하는 인재는 사회문화적인 통찰력을 갖춰야 한다.

직접 체험을 하는 것도 좋은 방법이지만, 세계화 시대에 꼭 필요한 엄청난 분량의 정보를 체험으로 모두 얻기란 사실상 불가능하다. 하지만 책을 활용한다면 아이들에게 비록 직접 경험하진 못하더라도 간접 경험을 통해 정보들을 접하게 할 수 있다.

사회문화 영역에 속한 책들은 해당 문화권을 가보지 않더라도 그 문화나 사회에 속한 사람들을 이해하고 그들이 어떻게 살아나가는지 다양한 삶을 이해할 수 있게 해준다. 그래서 아이가 사회나 문화에 대한 지적 호기심을 마음껏 충족시킬 수 있게끔 도와준다.

백과사전

백과사전은 숙제할 때만 참고하는 책이 아니다. 백과사전은 아이가 '왜 그래?' 단계에 왔을 무렵 부모가 그 질문에 일일이 대답해 줄 수 없을 때, 해당 내용을 찾아서 부모의 언어로 읽어 줌으로써 아이의 지적 호기심을 유지시켜 줄 때 필요하다.

사진이나 그림, 도표 등 다양한 시각적 자료가 아이의 주의를 끌고, 분류 능력을 길러 줌은 물론, 아이가 어디에 관심을 가지고 있는지 관심 분야를 발견할 수 있게 해준다. 또한 스스로 궁금한 것을 직접 찾아볼 수 있도록 한글을 빨리 깨우치고 싶은 열망을 자극시켜 준다.

아이가 아침에 눈을 떴을 때 머리맡에 장난감이 있으면 장난감으로 먼저 손이 가지만, 백과사전이 있으면 백과사전으로 먼저 손이 가게 된다. 책을 좋아하는 아이는 백과사전을 소설책처럼 끼고 살며, 지식 또한 상상할 수 없을 정도로 확장해 나가게 된다.

Q 백과사전은 언제 구입해야 할까요?

안녕하세요. 저는 6살 된 여자아이와 3살 된 남자아이를 둔 엄마랍니다. 6살 된 딸아이는 책을 무척 좋아합니다. 누나 덕분에 동생도 책을 좋아하는 것 같기도 하고요. 궁금한 것이 있는데요, 백과사전은 언제 주어야 할까요?

A 제가 푸름이에게 백과사전을 사준 때는 "왜 그래?"라는 질문 때문에 힘들었던 시기입니다. 그때 푸름엄마는 푸름이가 한 어려운 질문을 적어 놓고는 퇴근해 들어온 저보고 대답해 주라고 요구했습니다. 그런데 어떻게 대답해 주어야 할지 모르겠더군요. 우리는 백과사전을 구입하여 대답하지 못한 질문은 항목을 찾아서 조목조목 읽어주었답니다.

저는 백과사전이 숙제를 하는 데 필요한 것이 아니라, 지적 호기심을 잃지 않게 하는 데 필요하다고 생각합니다. 빠르면 12개월부터 그림책 보여주듯이 보여주면 좋습니다. 딸아이가 책을 좋아한다면 백과사전을 구입해서 찾는 방법을 가르쳐 주세요.

궁금한 점이 있을 때 항상 찾는 습관이 들면 그때는 혼자서 모든 것을 배워갑니다. 부모가 별로 해줄 것이 없지요. 지금 구입하셔도 이른 것이 아니라는 생각이 듭니다.

창작동화 · 전래동화 · 명작동화 영역

창작동화책

창작동화는 설화를 바탕으로 한 구전동화들과 달리 작가의 상상력으로 만들어진 동화를 말한다. 아이들의 일상이나 재미있는 소재로 풀어낸 창작동화는 아이들이 책을 재미있게 봄으로써 책에 재미를 붙이고, 나아가 본격적으로 책 읽는 습관을 들일 수 있게 해준다. 더불어 아이에게 풍부한 언어 능력과 감성을 길러 준다는 장점이 있다.

한글을 배우고 다른 사람의 도움 없이도 혼자서 책을 읽을 수 있는 '읽기 독립'을 위해서는 재미가 있으면서도 아주 쉽고 읽기에 자신감을 갖게 해주는 읽기 그림책이 필요하다. 한두 줄짜리의 쉬운 내용으로 구성된 창작동화들이 그런 역할을 해줄 수 있다.

전래동화책 · 명작동화책

전래동화에는 옛 선인들의 지혜와 슬기가 위트있고 따뜻하게 담겨 있어 아이를 책에 빠지게 하는 매력이 있다.

전래동화는 권선징악이 분명하다. 어릴 때 전래동화를 읽으면서 권선징악의 개념을 습득한 아이들은 나쁜 짓을 하면 벌을 받는다는 사실을 알고 그러한 개념을 바탕으로 일찍부터 윤리적인 아이가 될 수 있다.

부모는 내용이나 주제가 비극적이거나 잔혹하기도 해서 걱정하지만 아이들은 그런 것이 실제가 아닌 이야기임을 이해하며, 주인공과 함께 고난을 겪고 공감하면서 한층 성숙해지므로 걱정할 필요가 없다.

소설을 읽고 영화를 보면 소설의 상상력에 미치지 못하는 영화에 실망하는 경우가 종종 있는데, 영화를 보고 소설을 읽으면 영화의 장면 장면이 떠오르고 마음껏 상상의 날개를 펼칠 때가 있다. 명작동화는 영화처럼 명작의 재미있는 이야기를 동화로 전함으로써 훗날 명작을 다시 읽게 해주는 계기를 마련해 준다.

명작동화를 읽으면서 아이는 신데렐라가 되어 보기도 하고 걸리버가 되어 보기도 하는 등 끝없는 상상의 나래를 펼치게 된다. 이런 상상력은 어른이 되어 삶을 살아가며 어려운 현실을 이겨 내는 힘이 되어 주기도 한다.

푸름아빠의 책읽기 어드바이스

Q 전래동화의 끔찍한 이야기를 읽혀도 괜찮을까요?

아이가 어릴 때 그림책 전집으로 우리나라 옛이야기를 구입했어요. 권선징악에 대한 이야기는 아이가 좀 컸을 때 보여주는 게 좋다고 생각해서 안 보여주다가 지난 해부터 조금씩 보여줬지요. 전 되도록 무서운 건 접해 주지 않으려고 가끔 아이가 전래동화책을 꺼내 들고 오면 "우리 예쁜 이야기 그림책 보고 잘까? 이건 좀 안 예쁜 것 같아."라면서 잘 안 보여줬어요.

그런데 요즘은 아이가 혼자서 꺼내서 곧잘 보더라고요. 오늘은 제가 다른 거 보자고 하니까 "엄마 이건 예쁜 거야, 나쁜 거 아니야. 선녀 이야기나 그런 건 나쁜 건 아니고 무서운 지네 그런 거 나오는 건 나쁜 거야." 그러더라고요.

아이가 읽으면서 내용이 이해되지 않는 것에 대해 계속 "왜 그래, 왜?" 하면서 물어보는데 대답도 못하고 이 책을 왜 샀을까 후회만 하고 있습니다. 어떻게 해야 할까요?

A 아이는 무엇보다도 이야기를 좋아합니다. 어릴 적 어머니가 옛날이야기를 해주었을 때 우리는 얼마나 신이 났었던지요. 수십 년이 지난 오늘날에도 그 이야기는 우리의 기억 속에 선명하게 살아 있습니다.

저는 왜 아이에게 그림책을 읽어줄 때 권선징악이나 무서운 이야기를 빼고 읽어주라는지 모르겠습니다. 그런 이야기를 하는 사람은 아이에게 음식을 먹일 때 오로지 단 것만 먹이라고 권유하는 것과 같습니다. 오랜 세월을 거쳐 살아남아 있는 명작에는 권선징악의 주제가 선명하게 살아 있습니다. 그것이 현실이며 아이는 그러한 이야기를 이해하고 소화하면서 성장하는 것이지요.

'이것이 나쁜 거야, 좋은 거야?'라고 물을 때는 아이의 도덕적, 사회적 판단이 성장하는 것을 보여주는 증거입니다. 오히려 그러한 질문을 권장하고 아이와 대화를 나누면서 세상을 살아가는 지혜를 가르쳐 주어야 하지요.

아이는 현명하게 자기의 성장을 이루고 있는데 엄마의 편견이 아이의 발달을 막고 있군요. 아이의 상상력은 끝없이 발전해 전혀 없던 이야기도 지어서 엄마에게 이야기해 줄 것입니다. 책은 보여주세요. 아이가 정말 무서우면, 아이는 스스로 그 책을 피해갈 것입니다. 아이가 물어보면 아무리 힘들어도 끝까지 대답해 주세요.

위인전기 · 역사 영역

<u>위인전기책</u>

푸름이가 다섯 살 무렵 느닷없이 한밤중에 슬프게 운 적이 있다. 깜짝 놀란 우리 부부가 서둘러 쫓아가 보니 링컨이 총에 맞는 장면을 읽다가 울음을 터뜨렸던 것이다. 위인전을 읽으면서 눈물을 흘렸던 감동은 푸름이의 무의식에 남아 삶의 마지막까지 함께 하리라 생각된다.

위인전을 읽으면서 아이들은 삶의 어려움을 슬기롭게 극복하고 이를 자신에게 도움이 되는 기회로 활용하는 방법을 배운다. 자기가 좋아하는 위인의 모습을 역할 모델로 삼아 긍정적인 자아상을 키워갈 수 있고, 위인이 살던 시대적 배경을 이해하는 과정에서 다양한 역사적 지식을 자연스럽게 배워갈 수도 있다.

푸름아빠가 알려주는 영역별 책 고르기

위인전은 72개월을 지나 어느 정도 추상적인 사고를 요할 때 읽을 수 있는 책이다. 하지만 동화나 만화 형식으로 구성되었다면 시기를 좀 더 앞당겨도 좋다

역사책

흘러간 역사를 통해 옳은 것은 받아들이고, 잘못된 것은 고쳐나감으로써 과거에 선조들이 저지른 잘못을 되풀이하지 않는 것은 매우 중요하다. 즉, 역사를 통해 우리는 굳이 직접 체험해 보지 않더라도 실수를 반복하지 않을 수 있는 것이다.

역사 영역의 책들을 읽으면 실제로는 살아 보지 못한 과거 시대로 시간여행을 떠날 수 있다. 이 시간여행을 통해서 아이는 역사에 대한 자긍심과 함께 올바른 역사관을 세울 수 있다. 또한 흐르는 역사 속에서 나는 앞으로 어떻게 살아갈 것인지에 대한 진지한 고민을 할 수 있도록 문을 활짝 열어 줄 것이다.

위인 영역과 마찬가지로 역사 영역은 72개월 정도가 지나 어느 정도 추상적인 사고를 요할 때 읽을 수 있는 책이다. 그러나 동화나 만화 형식의 책이라면 좀더 일찍 읽어도 된다. 무겁고 지루할 수 있는 역사를 이야기처럼 쉽고 흥미진진하게 담아내 아이들이 보다 쉽고 재미있게 접할 수 있기 때문이다.

Q 7살 아이가 볼 만한 세계사 책들은 뭐가 좋을까요?

7살 된 우리 아이는 위인전을 읽고 난 뒤로 한국사에 관해 많은 관심을 갖고 있어요. 그래서 관련된 단행본들을 보여주고 삼국유사도 보여주었지요. 상세하게 알진 못해도 전체적인 한국사에 관해서는 어느 정도 알고 있는 것 같아요. 아이가 역사에 관심을 두며 우리나라가 최고라고 생각하고, 우리나라 다음은 미국이라고 생각해요. 그래서 아이에게 세계사에 관해 들려주고 싶습니다.

그런데 저 또한 세계사에 관해 잘 알지 못해서요. 어떤 책이 좋을까요? 그리고 어린 아이에게 종교서적을 읽게 해도 되는지 의견을 듣고 싶습니다.

A 7살에 위인전을 보고 한국의 역사, 세계의 역사에 관심을 갖는다는 것은 어머님이 책을 보는 환경을 만들어주었고 지금까지 끊임없이 책을 보았다는 증거입니다. 아이는 지적인 수준이 무척 높고 사물에 대한 지식을 빠르게 받아들이고 있을 것입니다.

지금 나이에는 역사책을 보여줄 때 만화로 주는 것도 괜찮습니다. 역사에 대해 해박한 푸름이에게 "어떻게 그렇게 역사를 잘 아니?" 하고 물어봤더니 "그건 만화가 뼈대예요. 거기다 살만 살살 붙이면 돼요." 하는 대답에 '그렇지!' 하는 생각이 들었습니다.

역사는 눈에 보이지 않기에 추상적인 사고를 요구하는데 만화를 통해 먼저 보여주면 구체적으로 장면을 그릴 수 있고, 그런 그림들을 통해 추상적인 사고까지 할 수 있도록 확장되어 나갑니다.

저도 어릴 때 푸름이에게 이야기로 된 성경 구연동화를 사주었습니다. 여러 종교에 관한 이해를 돕기 위해 다양하게 책도 보여주었지요. 어릴 때 종교에 관한 서적을 읽게 하는 것은 바람직하다는 생각이 듭니다. 아이가 읽으면서 세상과 인간에 대한 이해와 더불어 상상력을 넓히고 훗날 종교를 선택하는 데도 도움이 될 것이니까요. 걱정하지 마시고 아주 쉽고 재미있는 책으로 골라주세요.

육아서

삶이 끝나갈 때 가장 간절하게 바라는 것을 지금 말하라고 한다면 많은 부모들이 아마 내 아이를 행복하고 아름답고 유능하게 키우는 일이라 할 것이다. 자식을 잘못 키운 부모는 죽을 때 눈조차 제대로 감을 수 없다. 어쩌면 일생을 통해 무엇보다 중요한 과제는 육아일지도 모른다. 하지만 어떻게 하면 자식을 잘 키울 수 있는지에 대해서는 실상 그다지 열심히 공부하지 않는 것 같다.

우리는 우리 부모가 우리를 대했던 태도를 싫어하고 미워하면서도 그 방식 그대로 우리 아이에게 고스란히 대물림하고 있다. 부모에게 매를 맞았다면 내 자식에게 폭력을 행사하는 것을 당연하게 여기고, 아이를 사랑하니까 매를 들었다며 교육이라는 미명하에 이를 정당화시킨다. 부모로부터 조건에 따른 사랑을 받았다면 나도 모르게 내 자

무릎아빠가 알려주는 영역별 책 고르기

식에게 착한 아이가 되라고 강요하게 된다.

과거 부모에게 받은 간섭이 너무나 싫어서 아이에게 인생을 살아갈 기준조차 주지 않고 그저 방치하거나 방임한다면, 교육의 방식은 다르지만 아직도 부모에게 종속된 상태로 남아 있는 것이다. 즉 내 아이가 자기 삶의 주인이 되어 독립적인 삶을 살도록 도와주지 못한다는 점에서 같은 교육을 대물림하고 있는 셈이다.

우리 부부는 연애하던 시절부터 육아서를 읽었다. 천 권이 넘는 육아서를 읽었으며 아이들을 키우는 기준이 된 칼 비테의 《칼 비테 영재교육법》과 웨인 다이어의 《아이의 행복을 위해 부모는 무엇을 해야 할까》는 몇 년의 세월에 걸쳐 수십 번씩 반복하면서 읽기도 했다.

좋은 육아서는 읽을 때마다 느끼는 의미가 다르다. 내 자식이 자라고 내가 성장한 만큼 똑같은 내용이지만, 그것을 읽고 깨닫는 느낌이 전혀 다르다. 아이를 이렇게 키워야 한다고 단정적으로 주장하지도 않는다. 다만 이런 육아방식이 있다는 것을 보여주면서 육아서를 읽는 부모가 이 정도면 나도 실천할 수 있겠다는 자신감을 갖게 한다. 만약 육아서를 읽고 주눅이 들었다면, 경험이 녹아들어 자연스럽게 우러난 경지에 채 도달하지 못한 저자가 쓴 책일 것이다.

육아서를 읽으면 읽을수록 그리고 육아서의 내용을 아이에게 적용시켜 볼수록, 좋은 육아서는 아이를 상과 벌에 따라 엄격하게 키우라는 편협된 시각이 아니라, 아이를 있는 그대로 자유롭고 따뜻하게 사랑하라고 이야기한다. 더불어 아이가 하는 행동 이면의 속마음을 읽게 하며, 발달에 따른 융통성 가운데서 아이에게 일관된 기준을 줌으로써 세상을 긍정적으로 바라보게 해준다.

이런 책은 수십 년에 걸쳐 쌓아온 저자들의 경험이 그대로 살아있기에 읽으면 읽을수록 부모의 가슴에 울림을 준다. 뿐만 아니라 내 자신이 누구인지 깨닫게 하고, 무엇보다도 먼저 부모가 자신을 있는 그대로 사랑할 때라야 비로소 넘치게 자식을 사랑하게 된다는 것을 알려준다. 또한 부모가 배려 깊은 사랑을 아이에게 줄 때 아이도 배려 깊은 사랑을 부모에게 그대로 돌리며, 더 나아가 그 사랑을 사회로 확장시킨다는 것을 깨우치게끔 해준다.

다음은 우리 부부가 읽은 천 권의 육아서와 심리서 중에서 꼭 읽었으면 하는 책을 선정하였다.

육아서
• 《하루 15분 책 읽어주기의 힘》 짐 트렐리즈 | 북라인
• 《부모혁명 스크림프리》, 핼 에드워드 렁켈 | 양철북
• 《엄마, 나는 아직 침팬지에요》 하비 카프 | 한언
• 《부모의 긍정지수를 1% 높여라》 이와츠키 겐지 | 랜덤하우스
• 《엄마가 아이를 아프게 한다》 문은희 | 예담
• 《EQ 감성지능》 대니얼 골먼 | 웅진지식하우스

심리서
• 《따귀 맞은 영혼》 배르벨 바르데츠키 | 궁리

푸름아빠가 알려주는 영역별 책 고르기

- 《여자의 심리학》 베르벨 바르데츠키 | 북폴리오
- 《수치심의 치유》 존 브래드 쇼 | 사단법인 한국기독교 상담연구원
- 《가족》 존 브래드 쇼 | 학지사
- 《상처받은 내면아이 치유》 존 브래드 쇼 | 학지사
- 《사랑의 매는 없다》 앨리스 밀러 | 양철북
- 《폭력의 기억, 사랑을 잃어버린 사람들》 앨리스 밀러 | 양철북
- 《몸에 밴 어린 시절》 W. 휴미실다인 | 가톨릭출판사
- 《화의 심리학》 비벌리 엔젤 | 용오름
- 《부모의 심리백과》 이사벨 피오자 | 알마
- 《아직도 가야 할 길》 스캇 펙 | 율리시즈
- 《끝나지 않은 여행》 스캇 펙 | 율리시즈
- 《그리고 저 너머에》 스캇 펙 | 열음사
- 《거짓의 사람들》 스캇 펙 | 비전과리더십
- 《비폭력대화》 마셜 B. 로젠버그 | 한국NVC센터
- 《치유》 루이스 L. 헤이 | 나들목
- 《화성에서 온 남자 금성에서 온 여자》 존 그레이 | 동녘라이프
- 《30년만의 휴식》 이무석 | 비전과리더십
- 《의식혁명》 데이비드 호킨스 | 판미동
- 《천 개의 선물》 앤 보스캠프 | 열림원
- 《인생수업》 엘리자베스 퀴블러 로스, 데이비드 케슬러 | 이레
- 《상실수업》 엘리자베스 퀴블러 로스, 데이비드 케슬러 | 인빅투스
- 《사람풍경》 김형경 | 사랑풍경
- 《천 개의 공감》 김형경 | 사랑풍경
- 《좋은 이별》 김형경 | 사람풍경
- 《생각의 전환》 데이비드 프라이드만 | 경성라인
- 《착한 아이로 키우지 마라》 가토 다이조 | 푸른육아
- 《심리학이 어린 시절을 말하다》 우르술라 누버 | 랜덤하우스
- 《술 취한 코끼리 길들이기》 아잔 브라흐마 | 연금술사
- 《사랑받을 권리》 일레인 N. 아론 | 웅진지식하우스

기타

- 《플로리시》 마틴 셀리그만 | 물푸레
- 《몰입의 즐거움》 미하이 칙센트미하이 | 해냄
- 《행복의 조건》 조지 베일런트 | 프런티어
- 《내 영혼이 따뜻했던 날들》 포리스트 카터 | 아름드리미디어
- 《내 몸 내가 고치는 기적의 밥상》 조엘 펄먼 | 북섬

Q 육아서를 많이 읽었지만 답답하고 막막해요

저희 아이는 26개월에 접어들었어요. 푸름이교육법을 4개월 때 우연히 알게 되어 호기심을 꺾지 않고 세상을 알아갈 수 있도록 배려 깊은 엄마의 자세를 가지려고 노력했지요. 또한 알아야 할 것들이 정말 많아서 계속 책을 구입해서 보다 보니 육아서적만 100권이 넘게 되었어요. 읽으면 읽을수록 제가 모르는 게 너무 많더라고요. 밤에는 책을 읽고 정보 검색하면서 육아에 관련된 것을 배우고 있습니다. 저희 아이는 아직 엄마, 아빠 단 두 마디만 합니다. 제가 어릴 때부터 참으로 많은 이야기를 해주었는데 말을 못해요. 이해는 잘하는 것 같아요. 제가 묻는 것에 행동으로 대답은 잘합니다. 예를 들면 8개월 때는 "아직도 불이 켜져 있네." 하니까 그쪽을 쳐다보고, 15개월 때는 "소파 옆에 곰 인형을 바구니에 담아주세요." 하면 그렇게 하고, 22개월에는 뜨거운 감자를 입으로 불어서 식히다가 "이 뜨거운 감자를 식히려면 뭐가 필요할까?" 했더니 바로 안방에서 선풍기를 꺼내왔습니다.

두 돌이 지나면서 떼를 쓰기 시작했어요. 보통의 아이들보다는 조금 늦게요. 그리고 뭘 하든 항상 엄마의 반응을 원하고 있어요. '엄마, 엄마!' 입에 달고 삽니다. 나가면 걸으려고 하지 않고 저한테 안기려고만 하고요.

말은 좀 늦게 터질 거라고 느긋하게 생각하고 있지만 불안합니다. 아직 책읽기에도 관심이 없어요. 사랑과 배고픔이 채워지면 책읽기에 빠진다고 말씀하셨는데 제 사랑이 아직 더 필요할까요? 제가 지금 무언가 놓치고 있는 게 아닐까요? 제 아이가 특별히 말썽을 부리고 문제를 일으키지는 않지만 뭔지 모르게 힘드네요.

육아서를 많이 읽었는데도 답답하고 막막합니다.

A 밤늦은 시간까지 아이를 잘 키우기 위해 열심히 공부하는 모습이 눈에 선하네요. 아이는 아주 분별력 있고 제대로 성장하고 있습니다. 다만 어머님 자신이 불안하네요. 혹시 그 불안 때문에 공부를 열심히 하는 것은 아닌지요? 많은 책을 읽어도 그 책의 내용이 가슴으로 전해져 육아에서 지혜롭게 적용될 때야 비로소 책의 의미가 있는 거지요.

아이를 잘 키우고자 하는 마음이 내가 아이를 잘 키우면 남이 나를 '좋은 엄마'로 볼 것이라는 좋은 엄마 이미지에서 출발하면 엄마는 자신의 한계를 넘어 아이에게 희생하게 되고, 이 경우에는 쉽게 지치게 됩니다. 그리고 자신이 희생한 것을 아이에게 되돌려 달라고 요구하지요. 그래서 아이는 착한 아이가 되어야 합니다.

아이를 있는 그대로 사랑해 주는 것보다 어려운 것은 없습니다. 이것은 아이를 방치하는 것이 아닙니다. 아이와 함께 하고, 아이와 엄마의 성장을 이루는 과정입니다. 아이에게 훈계하고 지시하고 명령하고 비교하고 가르치려는 마음을 버려야 하는 과정이기도 하지요. 또한 자신의 감정과 아이의 감정을 읽고 공감해 주어야 하며, 나와 아이를 믿고 존재로 사랑하는 과정입니다.

육아서를 머리가 아닌 가슴으로 다시 한번 읽어 보세요. 그러면 전혀 다르게 읽혀진답니다.